今野真二 Shinji Konno

百年前の日本語

——書きことばが揺れた時代

Eurus Notus Zephyrus

岩波新書
1385

はじめに——日本語に明治維新はあったか

「百年前の日本語」と聞いて、みなさんはどのような日本語を思い浮かべるだろうか。本書を書いている平成二四(二〇一二)年から数えれば、百年前は明治四五(一九一二)年にあたる。明治四五年は、その七月三〇日に明治天皇が崩御し、大正元年となる、明治時代から大正時代に移っていく、変わり目の年であった。また、平成元(一九八九)年の百年前ということであれば、それは明治二二年、一八八九年にあたる。

本書は、厳密な意味合いにおける「百年前」ではなく、今からおよそ百年前の日本語、すなわち明治期の日本語を採り上げ、折々現代の日本語と対照しながら、この百年ほどの間に日本語がどのように変化してきたかについて、できる限り具体的に述べることを目標としている。本書では「百年前の日本語」という表現を何度も使うが、それは「明治期の日本語」と置き換えて理解していただければよいと考えている。

さて、幕藩体制が崩壊し、中央集権的な体制を模索しながら、明治政府が成立するに至る、一八六八年前後のさまざまな改革を「明治維新」と呼ぶことがある。この時期に日本社会が急激に変容したことは、ここに改めていうまでもないが、そうした「急激な変容」は、日本語においても起こったのだろうか。わたしたちは、「明治維新」のイメージを、そのまま日本語の上にも投影していないだろうか、という問いをまずたててみたい。

日本語にも「明治維新」があったとすれば、それは、明治期の日本語と先立つ時期の日本語とが「不連続」であるということで、なかったとすれば、それは先立つ時期とは「連続」しているということになる。ただし、「日本語に明治維新はあった」あるいは「日本語に明治維新はなかった」という答えは、どちらにしても、実は粗すぎる。

先にたてた問いは、明治期と、それに先立つ時期とは、これまで「不連続」を前提にして観察され、説明され過ぎてはいないかという問いでもある。例えば、明治期には、翻訳のために、多くの漢語が新しく造られたということがよく指摘される。「新しく造られた」ということに注目すれば、それは「不連続」ということになる。しかし、そうしたことを可能にしたのは、明治期までの漢語の使用の蓄積であるとみれば、「連続」していることになる。

本書が述べてみたいことを先取りしていえば、「連続」しているという「前提」に基づいて明治期の日本語を観察した場合、より大きな「不連続」が視界に入ってくるのではないかということである。そのことについて、さまざまな面から述べていきたい。

日本語といっても、音声・音韻、文法、語彙、表記など、さまざまな面があり、また「話しことば」・「書きことば」の別もある。本書では、「書きことば」、「文字化された日本語」に焦点を絞って述べることにする。それらは、明治期から現代までの間に、どのように変わってきたのだろうか。

まず述べていきたいのは、百年前の日本語においては、それらが大きな「揺れ／揺動(fluctuation)」の中にあった、ということである。「揺れ」というと、不安定な状態を想像しやすいが、そうではなくて、むしろ「豊富な選択肢があった」と捉えたい。

さらに言えば、その「揺れ」の状態からの変化は、急激には進まなかった。明治一〇(一八七七)年一一月に出版された、片岡義助が編輯した漢語辞書『文明いろは字引』において、「維新」(三丁表五行目)には「ノコラズシンキニナル」(残らず新奇になる)と語釈が施されている。もしも、日本語の「書きことば」に関して「維新」という表現を使うのであれば、そう呼ぶことができるような変化は、江戸期から明治初期にかけてではなく、むしろ明治期から現代に至る百年間で進行したといえよう。そして、その変化は「揺れ／揺動をなくす」、すなわち「選択肢をなくす」という方向へと進むものであった。

言語は時間の経過とともに、何らかの変化をする。つまり「揺れ」を内包したものである。ところが現代は、使用する文字、漢字の音訓などに関して、できるだけ「揺れ」を排除し、一つの語は一つの書き方に収斂させようとする傾向が強い。このような状態になったのは、日本語の歴史の中で、ここ百年ぐらいの間であり、それまでは、「揺れ」の時期がずっと続いていた。現代こそが日本語の歴史の中では、むしろ特殊な状況下にあるのだが、現代に生きるわたしたちには、それがわかりにくい。そして、例えば明治期の日本語のありかたが奇異なものにみえてしまう。日本語に「明治維新」に匹敵する大きな変化があったとすれば、それは明治期にあったのではなく、明治期から現代に移行する間に成し遂げられたものとみるべきであろう。付言すれば、本書において、「明治期はよかった」あるいは「現代はよくない」と述べたいのではない。どちらが自分にとって好ましいと感じるかということはもちろんあってよい。しかし、まずは、「明治期の日本語はこういう状態にあった」ということを、できる限り具体的なかたちで知ってほしいと考えている。その上で、百年前の日本語と現代の日本語とを対照し、現代の日本語のありかたを改めて考えるきっかけにしていただければと思う。

目　次

文献の引用について

本書ではさまざまな文献を引用している。引用にあたって、平仮名・片仮名は現行字体に統一し、漢字字体は原文のままにした。ただし、原文の字体と現行字体との差が微少で、現行字体に包摂しても差し支えがないと稿者が判断した幾つかの字体については、現行字体に置き換えた。

第一章　百年前の手書き原稿

——夏目漱石『それから』の自筆原稿

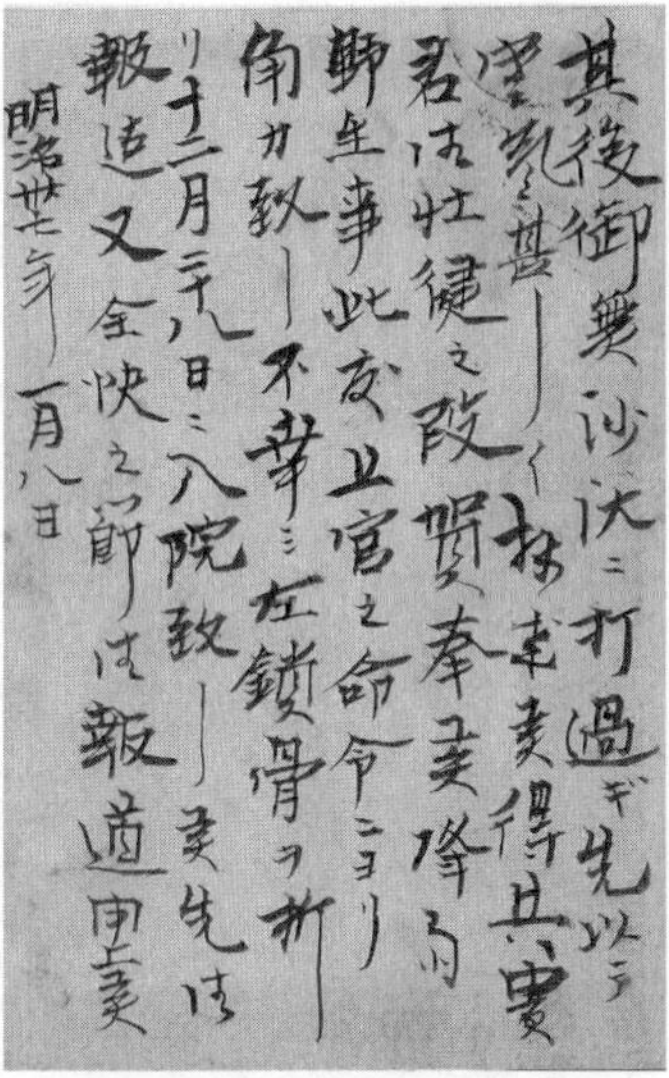

明治 37 年 1 月 8 日に書かれたはがき．
片仮名と平仮名とが併用されている．

一　漢字のかたち――漱石の書いた「所」の字

毎日配達されてくる、紙に印刷された新聞を読む。あるいはインターネットを通して配信されてくる新聞を多機能携帯電話スマートフォンで読む。新聞はある時期までは「明朝体」の金属活字によって印刷されていたが、現在ではその「明朝体」の金属活字の字形を元にしてデザインされたデジタルフォントで印刷されている。配信されてくる新聞は紙に印刷されていないが、使われている文字はやはりデジタルフォントの「明朝体」が少なくない。

小学校や中学校において、教室で配付される教材は、かつては手書きの原版を謄写版《とうしゃばん》で印刷したものだった。それは「手書きを印刷したもの」、つまり「印刷(という手段)によって手書きを再現したもの」であったといえよう。しかし、現代に生きるわたしたちが眼にする「書かれたことば」は「手書き」されていないことが多い。教科書に印刷された活字をもとにして漢字字体を学習、修得し、それを「手書き」している小学生は「印刷されているように手書きする」ことを習っているともいえよう。「手書きのように印刷する」と「印刷されているように手書きする」とはいわば正反対である。

こうした手書きと活字との問題に限らず、百年前の日本語と現在の日本語とは、多くの点において異なっている。本書においては、さまざまな具体例を観察しながら、できるかぎり、原理面での異なりについて考えていきたい。まずは、「手書き」を緒《いとぐち》にして百年前の日本語についての観察を始めてみよう。

字形・字体・書体

まず、字の形、「字形」について考えてみたい。本書の中では「字形」という術語と、「字体」という術語とを区別して使って述べていくので、最初に「字形」と「字体」とについて簡単な説明をしておくことにしよう。

「字形」は、手書きの場合であれば、実現するごとに差が生じる、「具体的、個別的な字のかたち」と定義できる。自分が書く「明」という字であっても、書くたびに少しずつ形が違う。書き手が異なればもっと違ってくる。これが「字形」ということになる。一方、「字体」は「抽象的、普遍的で社会的にも一定している字の概念」と定義することができる。Ａさんの書いた「明」の字とＢさんの書いた「明」の字とは少し「字形」が異なる。しかしわたしたちは、それは「明」の字であって、「朋」の字ではないと認識する。「明」の字であれば、左に「日」、右に「月」、「朋」の字であれば左右に「月」を並べると認識しているからで、この認識が「字体」の認識、すなわち「文字概念」ということになる。

わたしたちが目でとらえるのは「字形」であるが、それがどのような「字体」を書いたものであるのか、どのような「字体」が実現したものか、を認識しているのであって、それが「字をよむ」ということである。その認識、判断は、わたしたちの脳内に形成されている「文字概念」に基づいて行なわれている。

したがって、具体的な「字形」の小異にはこだわる必要がない。「雪」の「ヨ」の部分の二番目の横画が他の二つの横画よりも長いか、短いか、他の二つの横画と同じ長さであるか、ということは「字形」の異なりではあっても、「字体」の異なりではない。「文字概念」には、そのぐらいのいわば「弾力性」がある。しかし「印刷されているように手書きする」場合には、具体的にどのように印刷されているかが基準となるために、自然に小異にこだわるようになってしまう。

さらに「書体」というものがある。漢字に関して「隷《れい》書体」「楷《かい》書体」「行《ぎょう》書体」「草《そう》書体」という術語が使われることがある。現代日本においては、漢字を丁寧に書いたものが「楷書」で、それを少し崩して書いたものが「行書」で、それをさらに崩して書いたものが「草書」である、というように、「楷書体」「行書体」「草書体」を連続したものとしてとらえ、それを「書き方の丁寧さの違い」と認識しているふしがあるが、中国においてはそもそもそれぞれが別の「書体」であり、成立した時期も異なる。中国では、漢の時代(前二～一世紀頃)に隷書体が普及し、初唐の時期(七世紀頃)に楷書体が完成した。行書体は楷書体からうまれ、草書体は秦時代(前三世紀頃)以前に成立した篆《てん》書体から派生した。したがって、中国においては、行書体から草書体がうまれたわけではない。

ところで、「字体」と「書体」とをどのような関係とみればよいのだろうか。これに関しては、「字体」を、「書体」を超えた次元に設定する考え方と、「書体」の内部に設定する考え方とがある。しかし、漢字は、つねに「書体」が、いわばかぶさった状態で実現するのであり、「書体」を伴わない漢字字形が実際的にはないことを考え併せれば、「書体」の内部に「字体」を設定するのが自然であろう。

この「みかた」を、具体的に「御」字を例にして説明してみる。「楷書体という書体で書かれた「御」字の字体(概念)」があり、「草書体という書体で書かれた「御」字の字体(概念)」があるというのが、「書体」の内部に「字体」を設定する「みかた」である。

図1・2は、明治一九(一八八六)年に出版された井上勤訳『禽獣世界 狐の裁判』の、三六八頁の三行目・四行目と三六九頁の五行目である。図1にみえている「御身《おんみ》」の「御」字は行書体であり、図2にみえている「御意《ぎょい》」の「御」字は楷書体である。それぞれ、実現している形そのものが異なるのであり、前者に基づいて形成されるのが、「行書体で書かれた「御」字の

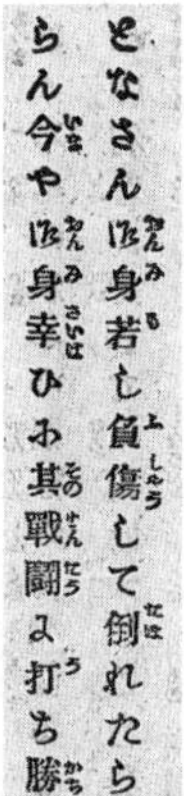
となさん汝《なんぢ》身《み》若《も》し負《ふ》傷《しやう》して倒《たふ》れたらんか我等《われら》が悲痛《ひつう》は如何《いか》斗《ばか》りなら
らん今《いま》や汝《なんぢ》身《み》幸《さいは》ひに其《その》戰《せん》闘《とう》に打《う》ち勝《かち》て斯《かゝ》る好《かう》結《けつ》果《くわ》を博《はく》し得《え》たるは我《われ》

図1 『狐の裁判』368頁

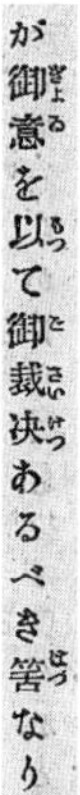
が御《ぎよ》意《い》を以《もつ》て御《ご》裁《さい》決《けつ》あるべき筈《はづ》なり事《こと》の正《せい》不《ふ》正《せい》を判《はん》別《べつ》するは誰《た》れか

図2 同369頁

字体(概念)」で、後者に基づいて形成されるのが、「楷書体で書かれた「御」字の字体(概念)」である。

ところで、なぜ行書体の「御」字が活字として用意され、それが使用されているのであろうか。これは、活字印刷においても、いくらかでも「手書きの再現」をしようとしているため、すなわち「手で書くように印刷する」ということが意識されているためだと思われる。「手書き」の場合、「御」字は使用頻度が高いために、他の漢字よりも崩した字形で書かれることが多い。全体が行書的に書かれているのに、「御」字のみが草書的に書かれたりもする。そうしたことを活字による印刷面においても、「再現」するために用意された活字であると思われる。他に「候」の草書体の活字なども存在しているが、これも同様に考えることができる。つまり、ここには「手書きのように印刷する」という意識が幾分なりともうかがわれる。具体例を挙げておく。森鷗外『黄金杯』(明治四三年一月一日、春陽堂刊)に収められている「山彦」という作品において、レナアテ・ヘルヱエゲという女性登場人物とヒヤルマル・トオルストリヨオムという男性登場人物とがやりとりする手紙が八六頁から一一四頁まで続く。この手紙の中では「候」に草書体の「候」の活字があてられており、また「申」にも草書体の活字があてられている。こうしたことは、手紙という、手書きが強く意識される場面において、幾分なりとも手書きらしさを印刷によって示そうという意図に基づいて行なわれていると考えられる。

江戸期には整版による印刷が主流となったが、それ以前、室町末期から江戸のごく初期頃には、活字印刷が行なわれていた。この時期に活字印刷された出版物を「古活字版《こかつじばん》」と呼ぶ。「古活字版」は活字印刷であるにもかかわらず、二字あるいは三字が連続した形の活字が作られていた。これは連続活字あるいは連綿活字と呼ばれる。例えば、『横笛瀧口の草子』には、「ける」「うち」「まい」「くら」「はか」「かた」「たる」などをはじめとして多くの連続活字が使われている。「ケル」とか「タル」はよく使用される助動詞であるので、そうした連続活字を作ったことがわからないではないが、「まい」や「はか」は、そうした連続があって初めてその箇所に使うことができる。連続活字はそもそも活字という考え方と違背するようにも思われる。やはり、連続活字も、それを使うことによって、版面の仕上がりを手書きに近づけるために使用されていたのではないか。そうであるとすれば、古活字版も、整版も、明治期の活字印刷も、手書きのように印刷するということがどこかで意識されていたといえよう。

書体とデジタルフォント

「書体」は現代でいえば、「フォント」という概念とほぼ重なる。たとえば、稿者が使用している文書作成ソフトには、「ＭＳ明朝体」が標準装備されている。現代は「明朝体」という書体が言語生活のほとんどの場面で使われているので、私たちが自然に思い浮かべる漢字の「字体」の多くには、「明朝体」という「書体」がかぶさっていることになる。

それゆえ、おそらくは、印刷された「明朝体」の字形に基づいて私たちの「字体」の概念が形成されている。しかし、現代に生きる私たちはそうであることを意識しにくい。先にふれたように、小学校一年生は教科書に載せられている字形に基づいて漢字字体を覚えていく。小学校で行なわれる漢字テストは、教科書のように書けているかどうかを基準にする。その教科書は印刷されたものである。その教科書が「教科書体」と呼ばれる「書体」で印刷されていたとすれば、その教科書を使って漢字を覚えた、すなわち「字体」の概念を獲得した小学生は、「教科書体」という「書体」がかぶさった状態で「字体」の認識を形成していくことになる。具体的な「字形」をとおしてしか、「字体」の概念は獲得できないので、これは当然のことである。

しかし、具体的な現われである「字形」に過度にとらわれると、他の「書体」で書かれた字体を認識できなくなってしまう。現代においては、行書体や草書体で書かれたものは読めない、という人が多くなっていると思われる。日常の言語生活において行書体や草書体にふれることがほとんどないのだからそれは当然のことといえよう。ここではまず、わたしたちが獲得している「字体」の概念は、手書きされたものではなくて、印刷されたものに基づいているのだということをおさえた上で、百年前に遡り、夏目漱石の自筆原稿の分析に進むことにしよう。

夏目漱石の自筆原稿

さて、夏目漱石の『それから』の第一回(一の一)は、明治四二(一九〇九)年六月二七日に、『東京朝日新聞』及び『大阪朝日新聞』に同日掲載され、同年一〇月一四日に、一一〇回(一七の三)が掲載されて連載を終える。図3は、連載第五回の冒頭部分の自筆原稿である。(引用は『漱石自筆原稿　それから』(二〇〇五年、岩波書店刊)による。)その原稿の四行目に「思つてゐる所へ折よく先方《むかふ》から遣《や》つて来《き》た」という行《くだ》りがある。その「所」の字に注目してみると、まず「一」と書いてから、その下の左側に片仮名の「ツ」のようなかたちを書き、その右に片仮名の「ケ」のようなかたちを書いた字形であることがわかる。この字形を見て、「所」であると

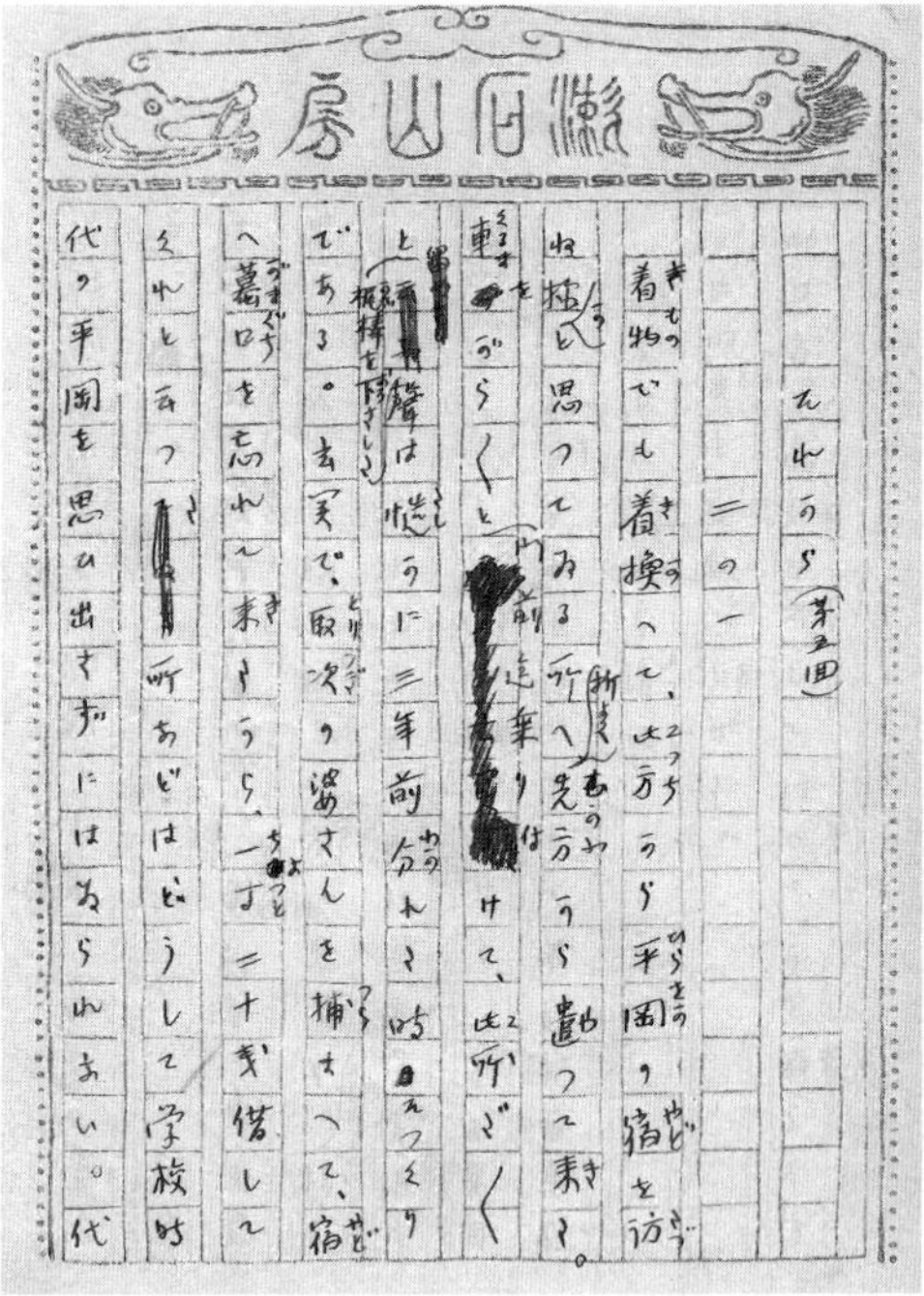

図3 『それから』第5回原稿

わかる人は現在は少なくなっているのではないだろうか。原稿の五行目、九行目にも「所」字があるが、いずれも、右で述べたような字形をしている。この「所」の字形については、拙書『消された漱石』(二〇〇八年、笠間書院刊)第二章においても採り上げたが、伝統的な楷書体につながる、いわば由緒正しい字形である。漱石はそのような字を書いていた。

ところが、この字形につながる字は、五万字を載せている『大漢和辞典』にも載せられていない。明朝体活字の漢字字形を概観するには、文化庁文化部国語課『明朝体活字字形一覧―一八二〇年〜一九四六年—』(一九九九年刊)が便利であるが、これを見ても右の「所」字と同じような字形の明朝体活字はみあたらない。先に述べたように、しらずしらずのうちに、「明朝体」という書体に基づいて「字体」概念を形成している現代人には、漱石の書く伝統的な楷書体の「所」字が奇異なものに映ってしまう。

混在する書体

さらに原稿を見てみると、四行目、八行目には「来」字が書かれている。見てわかるように、漱石は、「来」字の上部を横棒三本で書くことが多い。現代人は「來」を「旧字体」、「来」を「新字体」と呼んで、この両字形を対立的に捉えることが多いが、漱石の書く横棒三本の「来」字をどう位置づければよいのだろうか。

実はこの横棒三本の「来」字は、「新字体・旧字体」ということではなく、「来」字の「草書体」にあたる。手書きされた一つのテキストの中に、「楷書体」「行書体」「草書体」が混在することはいずれの時期においても珍しくない。

「書体」の混在ということでいえば、図3の三行目に「平岡《ひらをか》」、一〇行目にも「平岡」とある。これらの「岡」字は、連載第五回の冒頭の一枚であるので、比較的ゆっくりと丁寧に書かれていると思われる。この回で描かれるのは、主人公の代助が、三年ぶりに友人である平岡常次郎

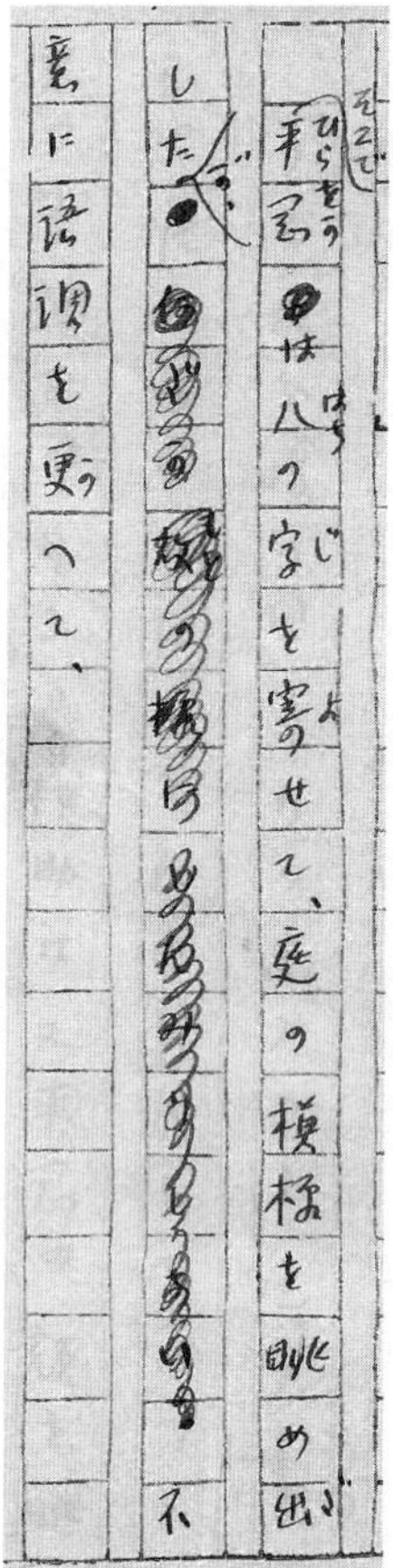
図4 『それから』第5回原稿

と会う場面であるので、以後も平岡の名がしばしばでてくるが、図3の三枚後の原稿の「平岡」は図4の一行目のように書かれている。

ここに書かれている「岡」は、「岡」の草書体、あるいは「岡」を構成要素としてもつ「綱」や「鋼」の行書体にみられる形をしており、図3のあたりよりも、速筆で書いていたことが窺われる。このように、書く速度ということとも関わって、同じ漢字であっても、楷書体で書いたり、行書体で書いたりということがあったことがわかる。これは漱石のみがそうであったということではなく、一般的にそうであった。

あるいはこんな例もある。図3の八行目には「二十銭」の「銭」字が金偏を省略して「戋」と書かれている。これは「書体」ということではなく、省略字形ということになるが、興味深い。明治期の手書き文献には、この「戋」を多く見出すことができる。この省略字形は、花森安治『一戋五厘の旗』(一九七一年、暮しの手帖社刊)のように、現代においても使われた例があるが、これは稀な例とみるべきであろう。

さらに、後に掲げる図11の一行目には「厂史以外」とあり、「歴」字の雁垂れ内を省略した「厂」が使われている。こうした省略字形が手書きにおいて使われることはもちろんあったが、明治期においては活字でも、そうした省略字形が使われていた。明治二〇年に刊行された中村豊之助『芳春佳話 百花魁《ひゃっかのさきがけ》』の九七頁八行目に見出した「厂《かり》の音《たより》の一聲《ひとこゑ》」の例を図5として、同じ明治二〇年に刊行された『政海波瀾 官員気質』の五九頁の五行目に見出した「厂《がん》の足《あし》に結《むす》び付《つ》けて」の例を図6として掲げておく。

現代であれば、何かを手書きする際に、一つの文章の中で、楷書体以外に草書体や行書体をとりまぜて使うということは少ないであろう。一口に「手書き」といっても、その「手書き」に含まれる要素が明治期と現代とでは異なることにも注意しておきたい。現代においては、先に述べたように、「明朝体」や「教科書体」といった、活字の書体に基づいて「字体」概念が

厂《かり》の音《たより》の一《ひと》聲《こゑ》

図5 『百花魁』97頁

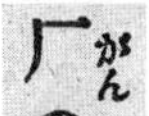
厂《がん》の足《あし》に結《むす》び付《つ》けて

図6 『官員気質』59頁

形成されているので、「字体」ということに関して、「手書き」の場合であっても、ほとんど幅がない。しかし、明治期においては、「手書き」するということによって、「楷書体」以外の「書体」である「行書体」や「草書体」が選択肢の中に自然に入ってくることになる。そしてそうした「手書きを(できるだけ)再現するように印刷」された明治期の印刷物においては、先にふれた省略字形や行書体の「御」字が使われているというように、使用される活字字体にもある程度の幅があった。

ここまでみてきたような明治期の「手書き」を現代において印刷によって再現することは容易ではない。技術的には可能であっても、そのできあがりは、現代人の眼には奇異なものにみえてしまう可能性がたかいからである。

二　漱石も「新字体」を使っていた

新字体・旧字体とは

明治期においては、手書きの場合も、活字の場合も、「楷書体」と「行書体」・「草書体」との混在があったことは確認できた。それでは、「新字体」と「旧字体」とについてはどうだろうか。それを考えるにさきだって、まず「新字体」・「旧字体」がどのようなものであるのかを確認しておく必要がある。

そもそも、「新字体」・「旧字体」という呼称の発端となったのは、「当用漢字表」であった。昭和二一(一九四六)年一一月一六日、内閣総理大臣吉田茂の名を附した内閣告示第三二号によって、「当用漢字表」が公表されている。一つ書きされた「まえがき」の四つ目には「簡易字体については、現在慣用されているものの中から採用し、これを本体として、参考のため原字をその下に掲げた」とある。ここには「簡易字体」、「原字」という表現がみられる。実際の「当用漢字表」では、例えば「乱」に「亂」、「両」に「兩」、「区」に「區」、「学」に「學」、「実」に「實」、「対」に「對」、「断」に「斷」、「会」に「會」、「帰」に「歸」、「沢」に「澤」、「独」に「獨」などのように「簡易字体」に「原字」が添えられている。この「当用漢字表」における「簡易字体」を、新たに採用された字体という意味合いで「新字体」、「原字」を「旧字体」と呼ぶことがあった。現代においても、「新字体」・「旧字体」という表現が使われることがあるが、それは右のような厳密な意味合いにおいてではなく、例えば「旧字体」であれば、「現在使っていない(旧い時期に使われていた)字体」というような意味合いで使われることがある。

さらに、昭和二三(一九四八)年二月一六日には「当用漢字表」に載せられた漢字の「音・訓」についての定めである「当用漢字音訓表」が内閣告示される。その「当用漢字音訓表」の制限的な面を緩やかにした「改定当用漢字音訓表」が昭和四八（一九七三）年に内閣告示され、昭和五六（一九八一）年一〇月一日に「常用漢字表」（登載漢字数一九四五字）が内閣告示される。そして平成二二（二〇一〇）年一一月三〇日に、改定された「常用漢字表」（以下本書ではこれを「改定常用漢字表」と呼ぶことにする）が、内閣総理大臣菅直人の名を附して内閣告示される。登載漢字数は二一三六字となっている。

康熙字典体とは

「改定常用漢字表」には「前書き」の他に「表の見方及び使い方」が添えられている。その6に「丸括弧に入れて添えたものは、いわゆる康熙《き》字典体である。これは、明治以来行われてきた活字の字体とのつながりを示すために参考として添えたものであるが、著しい差異のないものは省いた」と記されている。先に「当用漢字表」について述べた際に例として示した「簡易字体」と「原字」との組み合わせは、「改定常用漢字表」にもすべてみられる。すなわち「当用漢字表」において「原字」と呼ばれて掲げられていた字は、「改定常用漢字表」においては、「康熙字典体」と呼ばれていることになる。

「康熙字典体」は一般にはあまりなじみのない術語であると思われるが、定義は明快で、『康熙字典』という辞書に掲げられている漢字字体」と定義することができる。現代において、

『康熙字典』はどこにでもある辞書ではないが、複製も出版されており、大学の図書館や規模の大きな公共図書館であれば、誰でも見ることはできる。ある漢字が「康熙字典体」であるかどうかは、『康熙字典』にあたりさえすればすぐにわかるので、定義ははっきりとしている。それに対して「旧字体」は、現代においては、さまざまな意味合いで使われることがあり、定義がはっきりとしていない面をもつ。したがって、以下本書では「康熙字典体」という術語を使って説明を進めていきたいが、「康熙字典体」をだいたい「旧字体」ということだと思ってもらっても、ほとんどさしつかえはない。

『康熙字典』という辞書

ここで『康熙字典』という辞書についてごく簡単に説明をしておきたい。清《しん》の康熙帝の勅命によって、康熙五五（一七一六）年に、四万七〇三五字を登載して欽定辞書として完成したのが『康熙字典』である。二一四の部首を、十二支の名を附けた一二の集、子集、丑集、寅集などと分け、それぞれの集を上中下の三巻に分けている。中国の辞書の流れからいえば、明《みん》の梅膺《ばいよう》祚《そ》の編纂した『字彙《じい》』（一六一五年頃成立、登載漢字数三万三一七九字）と、同じ明の張自烈《ちょうじれつ》の編纂した『正字通《せいじつう》』（明末頃成立、登載漢字数三万三六七一字）とをふまえて編纂されているとみることができる。つまり、成立時において、過去に編纂された大規模な辞書をふまえて編纂された、

図7 『康熙字典』88丁裏

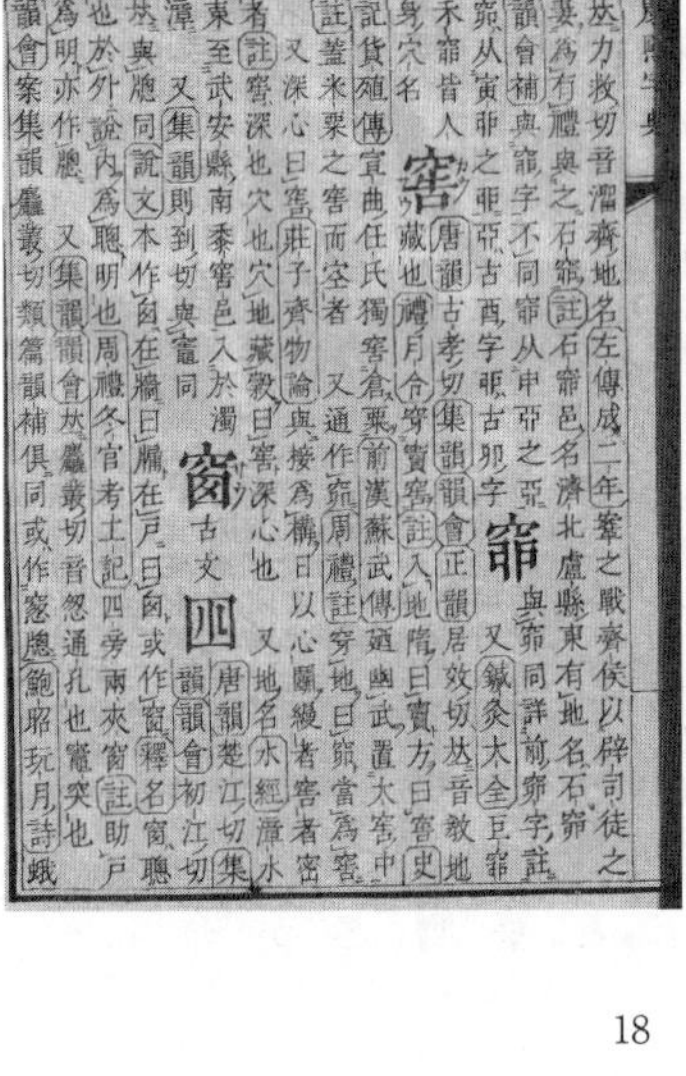

図8 同89丁裏

最も権威ある辞書であったことになる。そうしたこともあって、『康熙字典』は中国での刊行後、あまり時日をおかずに日本に輸入され、安永《あんえい》七(一七七八)年には、「和刻本」と呼ばれる、翻刻したテキストが刊行されている。日本で現在刊行されている漢和系辞書のほとんどがこの『康熙字典』の体裁を踏襲しており、日本にも長く影響を与え続けた辞書である。稿者が架蔵する安永和刻本によって、その午集下の穴部、八八丁裏と八九丁裏とを図7と図8として掲げておく。

架蔵する安永和刻本は、多くの冊に「子孫永保」「雲煙家蔵書記」の蔵書印がおされてあり、江戸後期の書画商、画家であった和泉屋帍吉《とらきち》旧蔵本と思われるが、図9として示したような、「京都郵便電信局」の蔵書票が貼られている冊もある。その他に、「小椋／蔵書」という蔵書印をはじめとして数種類の蔵書印がおされている冊もあり、和刻本『康熙字典』が江戸期からずっと珍重され、かつ明治期においても実際的に使用されていたことを窺わせる。

蔵書印や蔵書票、あるいは所蔵者による書き込みは、「書物に残された痕跡」ともいえ、そのテキストが所蔵ということに関して、どのような経緯を辿ったかを示す重要な書誌情報であると同時に、文化史的にみれば、書物の享受層や使用層に関しての重要な情報を示している。形態を備えた、具体的な書物が思考の緒となることは少なくない。

図9　蔵書票

『康熙字典』のみかた

それでは、『康熙字典』を具体的に見てみよう。まず図7の中央あたりに、現在使われている、「改定常用漢字表」に載せられている字体「窓」がみえている。そこに一一世紀初頭に成ったとされる韻書である『広韻《こういん》』に「俗窻字」とあることが記されている。現在残っている『広韻』テキストからすると、『広韻』は「窻・牕・窓」の三字をこの順に掲げ、「窻」字が、後漢の許慎《きょしん》が編纂したとされる『説文解字《せつもんかいじ》』に載せられていることを説明し、「牕」には「同上」、「窓」字には「俗」と記していたと推測できる。つまり、「窻・牕・窓」の三字は、元を辿るとどれも「窗」字と結びつくということである。

　そして図8の丁を見ると、『説文解字』が掲げていた「窗」をまず掲げ、その下に「古文《こぶん》」(古くに使用されていた字体)を一つ掲げてから(一四)、「窗」字についての注解を施している。したがって、『康熙字典』が注解を施したかった字体は「窗」であることがわかる。

　「窓」字は、『康熙字典』に載せられてはいるが、そこには「俗字」であるという「情報」が示されているだけで、注解は「窗」字に対して施されている。つまり、『康熙字典』においては、「窗」が本見出し項目で、「窓」は参照見出し項目であることになる。先には、「『康熙字典』という辞書に掲げられている漢字字体」が「康熙字典体」だと定義したが、この「掲げられている」は、注解が施されるような本見出し項目として、ということである。そうした意味合いにおいて、「窗」が「康熙字典体」で、「窓」は「康熙字典体」ではない、とみなすことができる。以下この「康熙字典体ではない字体」を場合によっては「非康熙字典体」と呼ぶことにする。

『康熙字典』の「規範」としての影響力

「当用漢字表」が定められた以降の日本では、康熙字典体は「原字」として参照はされるが、日常的に使用されるようなものではなくなったといえよう。そして「改定常用漢字表」が定められた現代においては、康熙字典体はさらに馴染みのない字体となっている。大学で学生とともに明治期の女学生向けの雑誌を読むことがあるが、学生は康熙字典体が読めないことが少なくない。初めは、嘆かわしいような気持ちになっていたが、よく考えてみれば、現代の日常生活において康熙字典体に接することはまったくないといってよい。そして、大学入学までの教育で康熙字典体について学習することもないであろう。そうであれば、学生が、康熙字典体が読めないことは、教師が嘆くようなことではなく、当然のことで、むしろ必要であれば、大学において、それをきちんと伝える必要があることになる。荒尾禎秀氏の調査「漢字の旧字体はどれだけ読めるか―明治期文献を読む教室の中で―」(清泉女子大学言語教育研究所『言語教育研究』第三号)によれば、「氣」「國」「參」「櫻」「亞」「惡」「樂」などは常用漢字表の字体と結びつけることができる。しかし、「盡」「稱」「圖」「舊」「晝」「據」「廳」「擔」「壓」「黨」「缺」などを「尽」「称」「図」「旧」「昼」「拠」「庁」「担」「圧」「党」「欠」と結びつけることは難しくなっている。「康熙字典体と常用漢字字体の形が近似している場合は多くの人が両者を結びつけることができ、そうでない場合は結びつけることができない」ということは当然といえば当然であるが、とにかく現代人に「よめない」康熙字典体の漢字がかなりな数あり、今後もそれが増加していくことは容易に予想できる。

さて、この康熙字典体は、明治期の日本においては、どの程度「規範」としての影響力をもっていたのであろうか。中国語を書くための文字として漢字が中国でずっと使われていること、日本及び日本語が折々に、中国及び中国語と接触を続けてきたことは、ここで改めていうまでもない。平安時代に成立した古典文学作品は、そのほとんどが中国文学の影響を受けているといってもよいだろう。鎌倉時代・室町時代には仏教を媒介とした交流があり、江戸時代には、五代将軍徳川綱吉及び綱吉が重用した柳沢吉保《よしやす》(一六五八〜一七一四)の好学の下、中国語の学習(唐話《とうわ》学)が盛んになった。当時は、黄檗《おうばく》宗の僧徒が、中国語(唐話)の普及者であり、伝播者であった。黄檗宗の僧徒は長崎に渡来し、唐人寺《あちゃでら》を創建した。そうした唐人寺の一つである興福寺の僧逸然《いつねん》が、将軍家綱(一六四一〜一六八〇)に依嘱されて招聘したのがインゲンマメに名を残す隠元(一五九二〜一六七三)で、隠元が開いたのが京都の万福寺である。女流俳人の田上菊舎《たがみきくしゃ》(一七五三〜一八二六)の「山門を出れば日本ぞ茶摘唄」の「山門」は京都の黄檗宗万福寺の山門を指すが、山門内では中国語が飛び交っていたことを思わせる。

しかし、借用されて日本語の語彙体系内に位置を占めるようになった漢語が、もともとの中国語とは異なる語義を獲得して使われることがあるように、日本語を書くための文字としての漢字が、中国語を書くための文字としての漢字とは異なる使われかたをすることも当然ある。藤田天民『時文《じぶん》の誤《あやまり》』（明治四〇年刊）は、その「自序」において、「時文中最も普通に行はるゝ誤謬破格を指摘し、以て世に問ふ」と述べ、漢字の用法について述べている。例えば同書中では、「誤と謬とは慣用上大差ないが、訛はアヤマルと云ふ中でも、訛字とか訛傳とか、字の違ふて不正なのにも、嘘の行はれるにも、用ひられる。錯は錯亂といつて順序の亂れるに遣ふ、愆は心得違が正解ぢや、過はウツカリした失錯さ」（七頁）と述べられている。「誤謬破格」は、編者の理解を基準にしてということになるが、その「編者の理解」は中国での用法に基づいて形成されていると思われる。このような書が明治期から大正期にかけて幾つか出版されていることからすれば、当該時期には中国の用法から離れた、日本的な漢字の使用が少なからずみられたことが推測される。

『康熙字典』が、その編纂後、中国においても、日本においても、ある一定の影響力をもつ「規範」的な辞書として認識されてきたことは疑いがない。『康熙字典』は、勅命によって作られた欽定辞書であるので、編纂直後から、中国においては、かなりつよい規範性を発揮したと思われる。しかし、『康熙字典』が成ったのは、一七一六年であり、それまでに長い時間をかけて形成されてきた、日本語の言語生活における漢字の使われ方が、『康熙字典』が成ったたからといって、一転することは考えられない。漢字字体ということにひきつけていえば、『康熙字典』が成ったからといって、日本ですぐに「康熙字典体」を統一的に使うということは考えられないということである。先に、『康熙字典』は、「中国においても、日本においても、ある一定の影響力をもつ「規範」的な辞書として認識されてきた」と述べたが、その「規範性」は中国と日本とでは相当に異なると認識しておかなければならない。

さらにいえば、少なくとも明治期の日本においては、「康熙字典体」のみが流通していたわけではない。先に述べたように、『康熙字典』はそれまでに成立していた辞書である『字彙』や『正字通』を踏襲して成っているのだから、例えば漢字の字体に関して、それまでの「流れ」とまったく異なるようなありかたを採ることはないと推測することができる。大枠としてはそうであるが、人間によって編纂されたテキストである以上、「編纂」ということに関わって、「情報」の取捨選択はされている。辞書は人為的な存在であるともいえよう。後に、「真」字に関して述べるように、『康熙字典』においても個々の字体の細部の形が、中国におけるこれまでの「流れ」と異なることはあったし、「楷書体」と異なる字形が載せられることもあった。

漱石が使った非康熙字典体

ここでも、漱石の自筆原稿は、明治期までに日本における漢字使用がどんな状況に至っていたのかを窺う一つの材料となる。具体例を幾つか見てみることにしよう。

まず、図3の九行目に「学校時代」、また原稿七六枚目には「学校」とあるが、『康熙字典』に載せられているのは、「學」で、「学」は「非康熙字典体」ということになる。いうまでもなく、現在はこの「学」が「改定常用漢字表」に載せられている。

あるいは、二の二の冒頭、原稿四三枚目には「實行となつた事も少なくないので」とあり、「實」字が使われているが、原稿四四枚目では「陳腐な事實にさへ氣が付かずにゐた」、原稿四九枚目では「争ふべからざる事實である」とあって、これらの箇所では「実」字が使われている。原稿五七枚目には「切実かも知れない」とあり、六〇枚目には「学理的に實地の應用を研究しやうと思つた」とあり、六一枚目には「實際何も分《わか》つて居ないらしい」、六三枚目には「實務の妨《さまたげ》をする」とあって、結局「實」字と「実」字とが両用されている。「實」が「康熙字典体」で、「実」が「非康熙字典体」である。つまり、漱石の自筆原稿においては、「康熙字典体」と「非康熙字典体」とが混用されているのである。

不思議な「真」の字

原稿六二枚目に「代助は真面目《まじめ》な顔をして」とある。原稿九一枚目の「真面目《まじめ》」も同じように書かれている。ここでは「真」字によって示したが、実際の原稿は図10のように「真」と書かれている。『康熙字典』が掲げる字体は、「眞」であり、「改定常用漢字表」に載せられている「真」字は『康熙字典』に載せられていないということからすれば、非康熙字典体ということになる。しかし「真」は代表的な楷書体である。

ところで、漱石が原稿に書いた字は、「眞」でもなければ「真」でもなかった。「眞」字と「真」字とのかたちの上での異なりは二箇所ある。「眞」字は目の部に属しており、目の五画、「真」字は十の部の八画ということになっているが、今、ここでは両字とも五画を要する「目」を中心に据えて、「目」以外の箇所に注目してみる。両字においては、一画目と二画目とのつくるかたちと、八画目のかたちとが異なる。漱石が書いた字はこの二箇所において、「眞」字と「真」字とが合わさったかたちになっている。「十」のような形状をしている漢字構成要素が「ヒ」のように書かれることは必ずしも多いとは思われず、この漢字に関しては『康熙字典』が採り上げた字体は中国においても、むしろ少数派であった可能性がある。

この他にも、漱石の自筆原稿においては、康熙字典体ではない字体を使用している例は少なくない。原稿六〇枚目に「当時彼は事務見習のため」とあり、「当」字が使われ、原稿六三枚目には「帰る番に中《あた》つてゐるから」と、また原稿九〇枚目には「家《うち》へ帰つて」とあり、「帰」字が使われている。原稿六七枚目には「無言の侭」、原稿七二枚目には「代助はさうかと答へた伬」とあり、これらの箇所では「伬」字が使われている。ただし、原稿七〇枚目には「愛想《あいそ》を盡《つ》かされる」とあり、同じ漢字構成要素であっても、同じように書くとは限らない。原稿七二枚目にははっきりと「両人《ふたり》」とあって、「両」字が使われていることがわかる。原稿七七枚目の「人数《にんず》」の「数」も、康熙字典体である「數」を書いたものではないと思われる。原稿八六枚目には「解釈」とあり、原稿八九枚目には「講釈」とあって、「釈」字が使われている。

ここまで見てきたように、漱石の自筆原稿は、「旧字体・新字体」ということばを使って説明するならば、「旧字体」ばかりで書かれているわけではなく、「新字体」も使われている。『康熙字典』に載せられていない楷書体を書くこともあれば、折衷的な字体を書くこともあった。ここから、明治期の「手書き」テキストは、漢字の字体についても、さまざまな「揺れ」を内包していたことがみてとれるのではないだろうか。

図10 『それから』原稿62枚目

三　手書きと印刷との間で

漱石の原稿用紙

夏目漱石の自筆原稿が興味深いのは、前節までにみてきたような、表記上の「揺れ」がさまざまにみられることばかりではない。

『それから』は、図3でわかるように、上部に「漱石山房」と印刷されている原稿用紙に書かれている。この原稿用紙は、『虞美人草《ぐびじんそう》』(明治四一年一月、春陽堂刊)、『草合《くさあわせ》』(明治四一年九月、春陽堂刊)、『四篇』(明治四三年五月、春陽堂刊)、『門』(明治四四年一月、春陽堂刊)など、漱石の多くの単行本のデザインを担当した橋口五葉《ごよう》に作らせたもので、漱石が朝日新聞社に入社した明治四〇年当時の朝日新聞紙面の一段が一九字詰めであったことに合わせて、一九字詰め一〇行になっている。この原稿用紙の版木は神奈川近代文学館に所蔵されている。ただし、明治四二年には朝日新聞の紙面が一八字詰めになったために、原稿用紙の字詰めと、朝日新聞の紙面の字詰めは一致しなくなったが、漱石はこの原稿用紙を使い続けている。

漱石は、自らが書いた作品が朝日新聞に発表されることをいろいろな意味合いで、はっきりと意識していたと思われる。新聞の紙面に合わせた原稿用紙を自ら作り、それに作品を書いたことは、そうした意識のもっとも具体的な現われといってもよい。漱石は原稿用紙に書くということに自覚的であったといえよう。そうしたことを考え併せると、漱石の自筆原稿はいうまでもなく「手書き」されているが、その「手書き」は「印刷」と対峙するものではなく、向こう側に「印刷」という文字化の手段をほの見ながらの「手書き」であるとみるべきかもしれない。しかもその「印刷」は新聞という、公共性、一般性のたかいものであった。ここにもまた漱石の自筆原稿のおもしろさがある。

段落の設定

「現代と共通する表記法」として、おもしろい例をあげると、漱石は図11で分かるように、きちんと段落を設定しながら原稿を書いている。

それぞれの会話文は原稿用紙の行頭の一枡をあけて書き始められている。また、会話文ごとに改行をしており、現在の原稿用紙の使い方に通じる。一〇行目は、出だしの一枡をあけて書き始められており、段落が設定されている。しかし、このように段落を設定して書くことが明治期を通してずっと一般的だったわけではない。例えば図12は明治二七(一八九四)年二月二八日に刊行された『太陽』第一巻第三号に載せられた南翠外史《なんすいがいし》(須藤南翠)の小説『吾妻錦絵《あずまにしきえ》』の一部(四六四頁)であるが、ここには一字下げによって段落の始まりを示すというやりかたが採

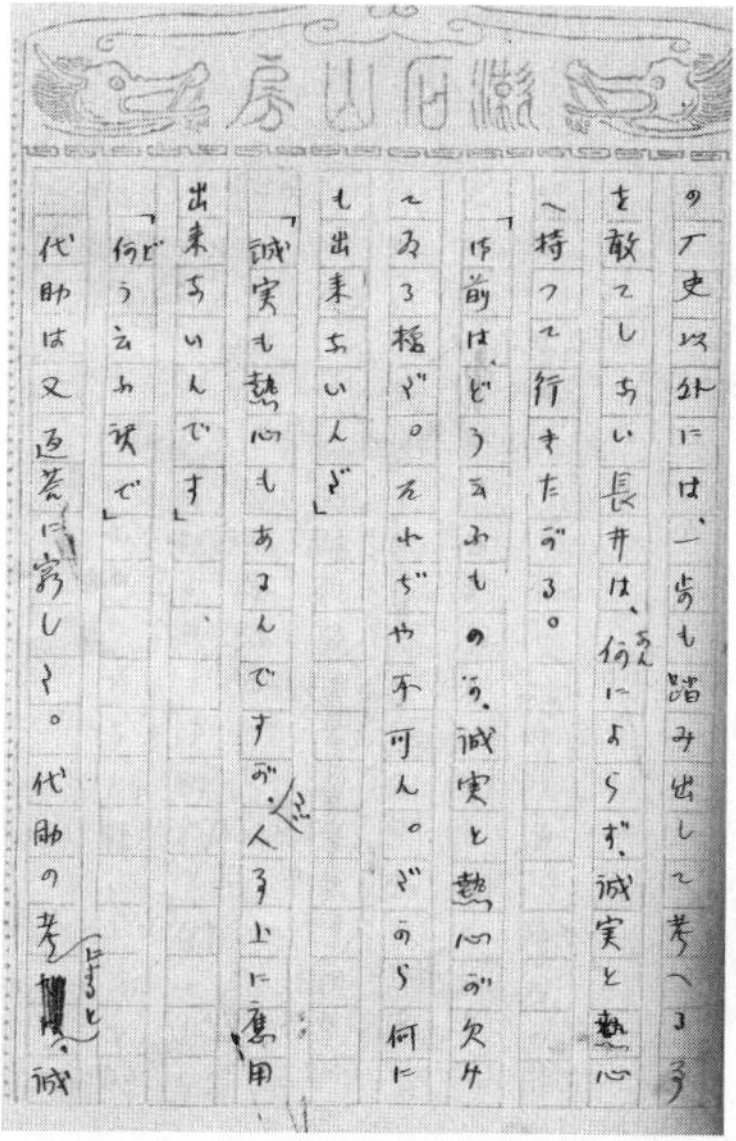
の丁史以外には、一歩も踏み出して考へようを敢てしない長井は、何《あん》にもよらず、誠実と熱心へ持つて行きたがる。

「御前はどう云ふもんだか、誠実と熱心が欠けてゐる様だ。それぢや不可ん。だから何にも出来ないんだ」

「誠実も熱心もあるんですが、人事上に応用出来ないんです」

「どう云ふ訳で」

代助は又返答に窮した。代助の考

図11 『それから』原稿107枚目

られていない。「雑録」と分類されている、四九四頁から始まる論説文「明詩の我邦に関する者を論す」も同様に印刷されている。しかし、その一方で、『吾妻錦絵』同様「小説」に分類されている漣山人《さざなみさんじん》の『昭君怨』(四七二〜四八二頁)では一字下げによって段落の始まりが示されている。

段落は、意味の纏まりをわかりやすくするためのレイアウト上の「工夫」であり、必ずなければならないというものではない。そしてそれは一行の長さやそこにどれだけの字を書くかという「字詰め」、一頁にどれだけの行を書くかという「行取り」などが一定である場合にもっとも効果的である「工夫」といえよう。稿者が目にしたテキストの量はごく限られたものであるから、断言はもちろんできないが、幕末期までに印刷出版された版本、あるいは手書きされたテキスト、いずれにも段落設定はみられないと思われる。それは、一行の「字詰め」や「行取り」が必ずしも一定ではないことと

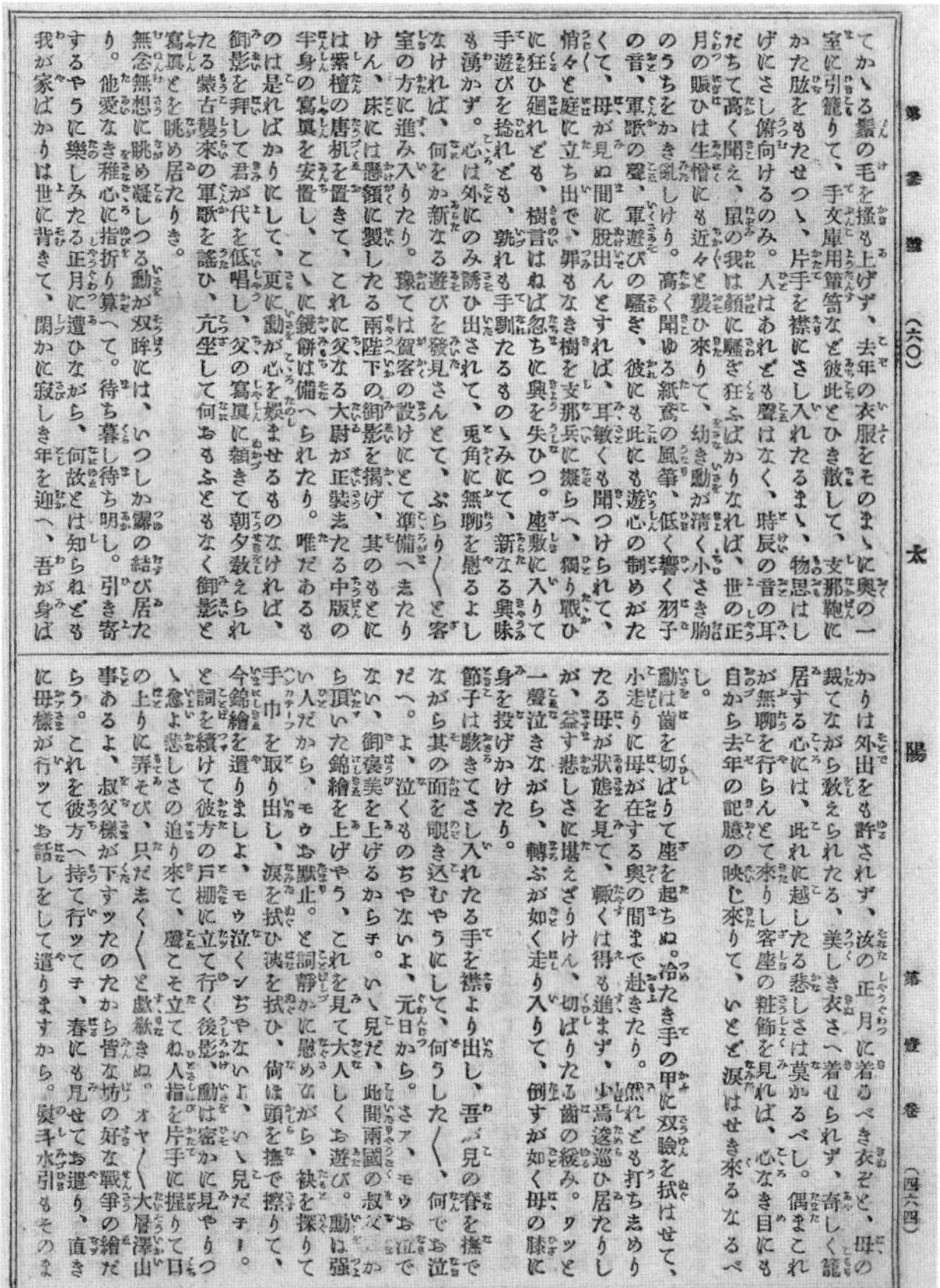

第參號 （六〇） 太陽 第壹卷 （四六四）

てかゝる鬚《ひげ》の毛《け》を掻《かき》も上《あ》げず、去年《こぞ》の衣服《いふく》をそのまゝに奥《おく》の一室《ま》に引籠《ひきこも》りて、手文庫《てぶんこ》用簞笥《ようたんす》など彼此《あちこち》とひき散して、支那鞄《しなかばん》にかた肱《ひぢ》をもたせつゝ、片手《かたて》を襟《えり》にさし入《い》れたるまゝ、物思《ものおも》はしげにさし俯向《うつむ》けるのみ。人《ひと》はあれども聲《こゑ》はなく、時辰《とけい》の音《おと》の耳《みゝ》だちて高《たか》く聞《きこ》え、鼠《ねずみ》の我《われ》は顏《がほ》に騷《さわ》ぎ狂《くる》ふばかりなれば、世《よ》の正《しやう》月《ぐわつ》の賑《にぎは》ひは生憎《あやにく》にも近々《ちかぢか》と襲《おそ》ひ來《きた》りて、幼《をさな》き勳《いさを》が清《きよ》く小《ちひ》さき胸《むね》のうちをかき亂《みだ》しけり。高《たか》く聞《きこ》ゆる紙鳶《たこ》の風箏《うなり》、低《ひく》く響《ひゞ》く羽子《はご》の音《おと》、軍歌《ぐんか》の聲《こゑ》、軍遊《いくさあそ》びの騷《さわ》ぎ、彼《かれ》にも此《これ》にも遊心《いうしん》の制《とゞ》めがたくて、母《はゝ》が見《み》ぬ間《ま》に脱出《ぬけいで》んとすれば、耳《みゝ》敏《さと》くも聞《き》つけられて、たゞ悄々《すごすご》と庭《には》に立《た》ち出《い》で、罪《つみ》もなき樹《き》を支那兵《しなへい》に擬《なぞ》らへ、獨《ひと》り戰《たゝか》ひに狂《くる》ひ廻《まは》れども、樹言《きものい》はねば忽《たちま》ちに興《きよう》を失《うしな》ひつ。座敷《ざしき》に入《い》りて手遊《てあそ》びを捻《ひね》れども、孰《いづ》れも手馴《てなれ》たるものゝみにて、新《あらた》なる興味《きやうみ》も湧《わ》かず。心《こゝろ》は外《そと》にのみ誘《さそ》ひ出《いだ》されて、兎角《とかく》に無聊《ぶれう》を慰るよしなければ、何《なに》をか新《あらた》なる遊《あそ》びを發見《みいだ》さんとて、ぶらり〳〵と客《ざ》室《しき》の方《かた》に進《すゝ》み入《い》りたり。豫《かね》ては賀客《がかく》の設《まう》けにとて準備《こゝろがま》へしたりけん、床《とこ》には懸額《かけがく》に製《せい》したる兩陛下《りやうへいか》の御影《みえい》を掲《かゝ》げ、其《そ》のもとには紫檀《したん》の唐机《たうづくゑ》を置《お》きて、これに父《ちゝ》なる大尉《たいゐ》が正裝《せいさう》したる中版《ちうばん》の半身《はんしん》の寫眞《しやしん》を安置《あんち》し、こゝに鏡餅《かゞみもち》は備《そな》へられたり。唯《た》だあるものは是《こ》ればかりにして、更《さら》に勳《いさを》が心《こゝろ》を娛《たのし》ませるものなければ、御影《みえい》を拜《はい》して君《きみ》が代《よ》を低唱《ていしやう》し、父《ちゝ》の寫眞《しやしん》に額《ぬか》づきて朝夕《てうせき》敎《をし》えられたる蒙古襲來《もうこしうらい》の軍歌《ぐんか》を謠《うた》ひ、兀坐《こつざ》して何《なに》おもふともなく御影《みえい》と寫眞《しやしん》とを眺《なが》め居《ゐ》たりき。

無念無想《むねんむさう》に眺《なが》め凝《こら》しつる勳《いさを》が双眸《さうぼう》には、いつしか露《つゆ》の結《むす》び居《ゐ》たり。他愛《たあい》なき稚心《をさなごゝろ》に指折《ゆびを》り算《かぞ》へて。待《ま》ち暮《くら》し待《ま》ち明《あか》し。引《ひ》き寄《よ》するやうに樂《たの》しみたる正月《しやうぐわつ》に遭《あ》ひながら、何故《なにゆゑ》とは知《し》らねども我《わ》が家《や》ばかりは世《よ》に背《そむ》きて、閑《しづ》かに寂《さび》しき年《とし》を迎《むか》へ、吾《わ》が身《み》ばかりは外出《そとで》をも許《ゆる》されず、汝の正月《しやうぐわつ》に着るべき衣《きぬ》ぞと、母《はゝ》の裁《した》てながら敎《をし》えられたる、美《うつく》しき衣《きぬ》さへ着《き》せられず、奇《あや》しく籠《こも》居《ゐ》する心《こゝろ》には、此《こ》れに越《こ》したる悲《かな》しさは莫《な》かるべし。偶《たま/\》これが無聊《ぶれう》を行《や》らんとて來《きた》りし客座《ざしき》の粧飾《さうしよく》を見《み》れば、心《こゝろ》なき目《め》にも自《おのづ》から去年《こぞ》の記憶《きおく》の映《えい》じ來《きた》りて、いとゞ涙《なみだ》はせき來《く》るなるべし。

勳《いさを》は齒《は》を切《くひし》ばりて座《ざ》を起《た》ちぬ。冷《つめ》たき手《て》の甲《かふ》に双瞼《さうけん》を拭《ぬぐ》はせて、小走《こばし》りに母《はゝ》が在《おは》する奥《おく》の間《ま》まで赴《おもむ》きたり。然《さ》れども打《う》ちしめりたる母《はゝ》が狀態《ありさま》を見《み》て、輙《たやす》くは得《え》も進《すゝ》まず、少時《しばし》逡巡《ためら》ひ居《ゐ》たりしが、益《ます/\》悲《かな》しさに堪《た》えざりけん、切《くひし》ばりたる齒《は》の綏《ゆる》み。ワッと一聲《こゑ》泣《な》きながら、轉《ころ》ぶが如《ごと》く走《はし》り入《い》りて、倒《たふ》すが如《ごと》く母《はゝ》の膝《ひざ》に身《み》を投《な》げかけたり。

節子《ときこ》は驚《おどろ》きてさし入《い》れたる手《て》を襟《えり》より出《いだ》し、吾《わ》が兒《こ》の脊《せな》を撫《な》でながら其《そ》の面《かほ》を覗《のぞ》き込《こ》むやうにして、何《ど》うした〳〵、何《なん》でお泣《なき》だへ。よ、泣《な》くものぢやないよ、元日《ぐわんじつ》から。さア、モウお泣《なき》でない、御褒美《ごはうび》を上《あ》げるからネ。いゝ兒《こ》だ、此間《こないだ》兩國《りやうごく》の叔父さんから頂《いたゞ》いた錦繪《にしきゑ》を上《あ》げやう、これを見《み》て大人《おとな》しくお遊《あそ》び。勳《いさを》は強《つよ》い人《ひと》だから、モウお默止《だまり》。と詞《ことば》静《しづ》かに慰《なぐさ》めながら、袂《たもと》を探《さぐ》りて手巾《ハンカチーフ》を取《と》り出《いだ》し、涙《なみだ》を拭《ぬぐ》ひ洟《はな》を拭《ぬぐ》ひ、倚《な》ほ頭《かしら》を撫《な》で擦《さす》りて、今《いま》錦繪《にしきゑ》を遣《や》りましよ、モウ泣《な》くンぢやないよ、いゝ兒《こ》だネ。と詞《ことば》を續《つゞ》けて彼方《かなた》の戸棚《とだな》に立《た》ッて行《ゆ》く後影《うしろかげ》、勳《いさを》は窃《ひそ》かに見《み》やりつゝ愈《いよ/\》悲《かな》しさの迫《せま》り來《き》て、聲《こゑ》こそ立《た》てね人指《ひとさしゆび》を片手《かたて》に握《にぎ》りて口《くち》の上《ほと》りに弄《もてあそ》び、只《た》だしく〳〵と歔欷《すゝりな》きぬ。オヤ〳〵大層《たいそう》澤山《たいかい》事《こと》あるよ、叔父《をぢ》様《さま》が下《くだ》すッたのだから皆《みん》な坊《ばう》の好《すき》な戰爭《せんさう》の繪《ゑ》だらう。これを彼方《あつち》へ持《もつ》て行《い》ッてネ、春《はる》にも見《み》せてお遣《や》り、直《す》ぐに母様《かアさま》が行《い》ッてお話《はなし》をして遣《や》りますから。熨斗《のし》水引《みづひき》もそのま

図 12 『太陽』第 1 巻第 3 号 464 頁

関わっていると考える。

行頭の句読点

漱石の原稿用紙の使い方で、現代と異なることももちろんある。現代においては、原稿用紙においても、印刷物においても、行頭に句読点は置かれない。文書作成ソフトなどでは、行頭に句読点がこないような設定になっているものも少なくない。

漱石の『坊っちゃん』は松屋製の原稿用紙に書かれている。その一枚目の七行目行頭には句点が書かれている。「そこから飛び降りる事は出来まい／。」(「／」は改行箇所を示す。以下本書ではこの記号を改行箇所に使うことがある)となっている。原稿五枚目の一三行目も、「蕎麦湯を持て来てくれる／。」と書かれており、句点が行頭に置かれている。同じ五枚目の二四行目も、「云つた／。」と句点から始まる。一二枚目においては、図13のように、行頭の句点が頻出している。(図13は『直筆で読む「坊っちゃん」』(二〇〇七年、集英社新書ヴィジュアル版)から引用した。)夏目漱石は、『坊っちゃん』の原稿を書いた明治三九年頃には、原稿用紙の行頭に句点を書くことを避けていなかったと思われる。

ところが、『それから』においてはそうではない。『それから』の原稿はすべてで九六三枚あるが、その中で、行頭に句点が書かれた箇所は図14として示した一箇所(一四の一の回の四枚目)

のみである。漱石は『それから』の原稿を書いていた明治四二年頃には、行頭に句点を書くことを避けるようになっていたと思われる。大多数の句点は一枡を使って書かれているが、図14の「好《よ》くなかつた。」の行のように、行末に、一枡を使わずに句点が書かれている箇所が多くある。これは、行頭に句点を置かないための「処置」と思われる。

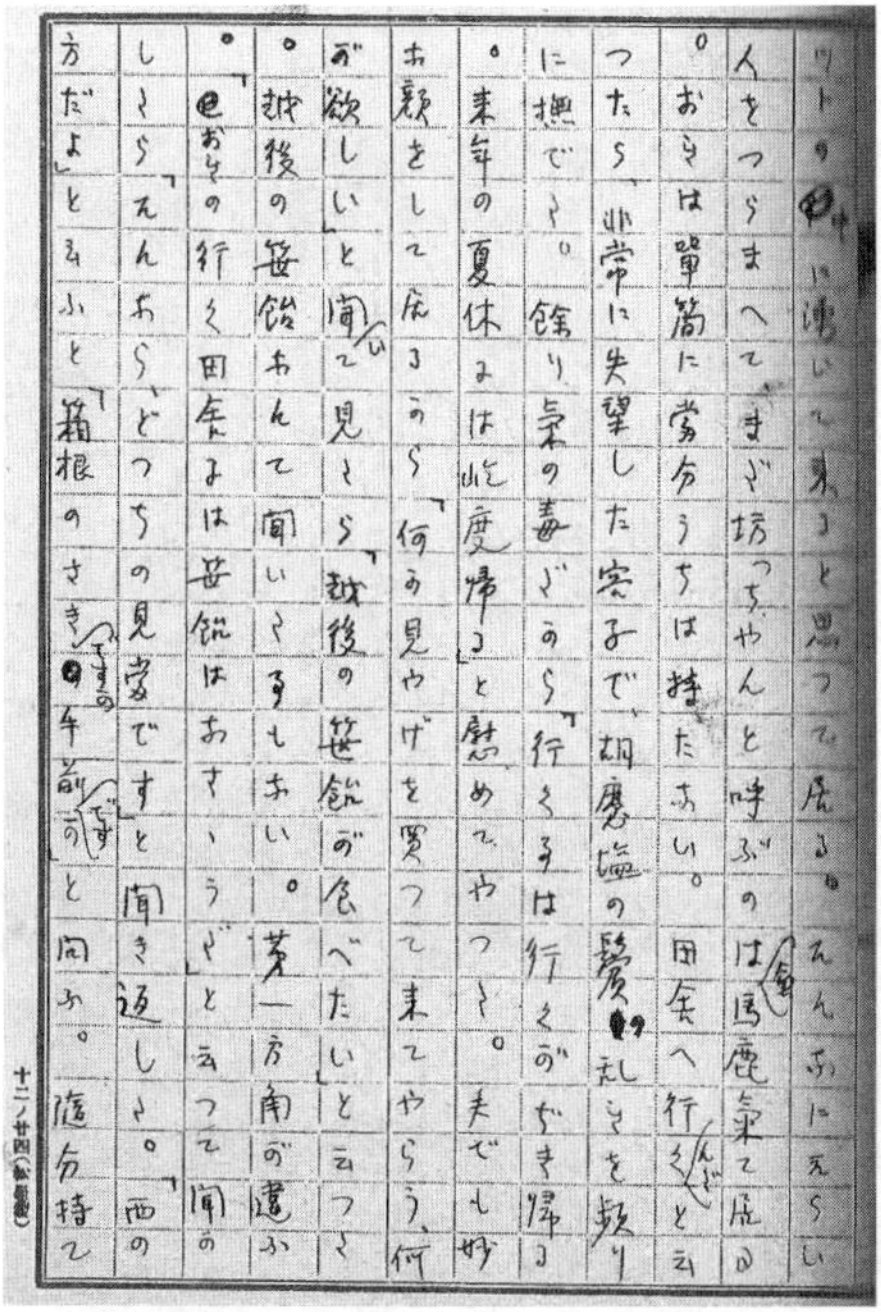

図13 『坊っちゃん』原稿12枚目

『それから』は一一〇回にわたって、新聞に発表されたが、その一一〇回の新聞紙面で、行頭に句点が印刷されたことはない。文字のみの場合、一行に一八字印刷されている。最終回である一一〇回(一七の三)から例をとれば、「は自分《じぶん》の頭《あたま》が焼《や》け盡《つ》きる迄電車《まででんしゃ》に乗《の》つて」(新聞一一七行目)が句

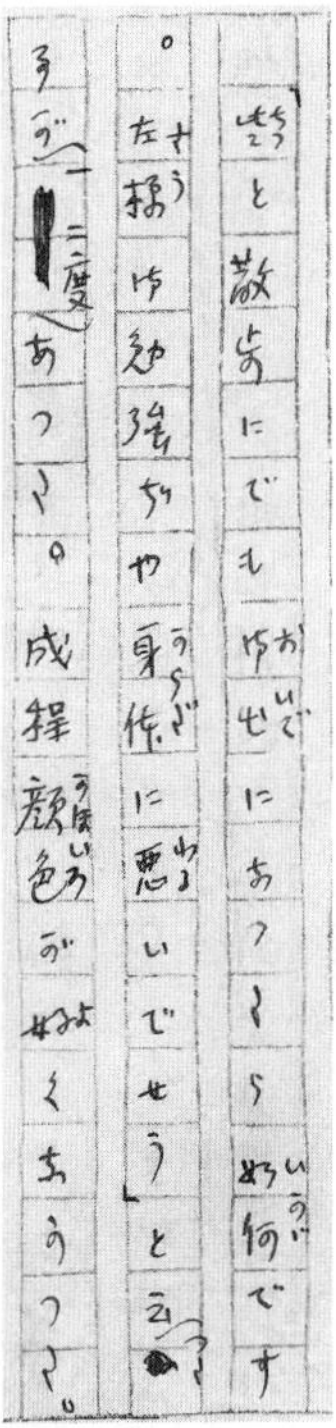

図14 『それから』の行頭の句点

読点を含まない一行である。句点が一つ含まれている「をしてゐる。今日迄《こんにちまで》何《なん》の爲《ため》に教育《けういく》を受《う》け」(新聞六九行目)のような一行では、句点が一字分をとり、文字が一七字、句点を含めて一八字が印刷されている。一行に二つ句点が含まれている「れた。彼《かれ》はたゞ全身《ぜんしん》に苦痛《くつう》を感《かん》じた。け」(新聞二〇行目)では、句点がそれぞれ一字分をとっていて、文字が一六字で、句点二つを含めて一八字が印刷されている。

一方、「吸《す》ひ込《こ》まれた。煙草屋《たばこや》の暖簾《のれん》が赤《あか》かつた。」(新聞一一二行目)においては、二つある句点の一つが行末に位置している。それぞれの句点を一字と数えると、この行は、一九字印刷されていることになる。句点の前後の空白を小さくすることで、句点二つで一字分になるような「調整」が施されていることが紙面をみればわかるが、その「調整」は、改めていうまでもなく、行頭に句点を置かないためのものと思われる。つまり、新聞においては「行頭に句点を書かない」という「禁則処理」がなされていることになる。こうした新聞紙面における「禁則処理」的な感覚が、漱石の内部に蓄積され、漱石の自筆原稿にも、次第に反映されてきたとはいえないいだろうか。

印刷するように書く

先に述べたように夏目漱石は明治四〇年四月に朝日新聞社に入社する。入社後の文学作品は『東京朝日新聞』及び『大阪朝日新聞』に発表されることになる。『虞美人草』は明治四〇年六月二三日から同年一〇月二九日まで一二七回連載され、『坑夫』は明治四一年一月一日から同年四月六日まで九六回連載され、『文鳥』は『大阪朝日新聞』のみに、明治四一年六月一三日から六月二一日まで九回連載され、『夢十夜』は、明治四一年七月二五日から同年八月五日までで一〇回連載され、『三四郎』は明治四一年九月一日から同年一二月二九日まで一一七回連載されるというように、集中的に新聞に小説を発表していく。そのような経験を重ねることによって、印刷されて新聞に載せられる「かたち」のイメージが、無意識裡に漱石の内部に「蓄積」されていったことが予想される。「印刷のロジックが手書きのロジックに滑り込んできた」とでもいえばよいだろうか。それは、漱石という個人の内部での、「手で書くように印刷する」から「印刷するように手で書く」への移行の始まりということでもある。

促音の表記方法

とはいえ、いうまでもないことではあるが、漱石は明治期以前の日本語と確実につながってもいた。本章の最後に、その例を一つ挙げておくことにしよう。

『坊っちゃん』の原稿には題名が「坊っちゃん」とはっきりと書かれている。昭和六一(一九八六)年七月一日に内閣告示された「現代仮名遣い」の「凡例」第一の二「拗音《よう》」には、語例を示した後に「注意」として「拗音に用いる「や、ゆ、よ」は、なるべく小書きにする」とあり、第一の四「促音」にも、語例を示した後に「注意」として「促音に用いる「つ」は、なるべく小書きにする」と記されている。現代日本語の表記においては、拗音に用いる「や・ゆ・よ」も、促音に用いる「つ」も、ともに小書きすることが一般的であり、それが「規則」だという認識がむしろ一般的と思われるが、この「注意」によれば、小書きは「なるべく」ということであり、絶対的な「規則」ではないことがわかる。そのことからすれば、「坊っちゃん」という書き方は、「現代仮名遣い」にも抵触していないことになる。しかし、小書きが一般的であるということからすれば、やはり目をひく書き方ではある。

『坊っちゃん』の原稿における促音の表記方法については、佐藤栄作氏によって、これまでに分析されており、ある程度の傾向が指摘されている。ここでは「促音の表記方法」と括ったが、「小書きされた仮名」に着目することによって、わかることがある。それは、漱石の「小書きされた仮名」が江戸期の書き方と連続する面をもつことである。佐藤栄作氏によれば、『坊 っちゃん』の原稿において、小書きされた仮名は一三九例あって、その中の一二〇例が「つ」である。そしてその一二〇例の中一〇一例が促音にあてられている。したがって、促音が小書きされた「つ」によって表わされていることは確かである。しかし「つ」以外にも小書きされた仮名が一九例あり、「一と晩」や「二た息」、「繰り返す」、「早ャ目」などの例がみられる。『坊っちゃん』の原稿には表紙タイトルを含めて一八回「坊っちゃん」という語が書かれているが、そのうち一四回が表紙タイトルと同じように「坊っちゃん」と書かれていることが指摘されている。その一方で「坊ちゃん」も一例（原稿五六枚目）みられる。これが「ボウチャン」ではなくて、「ボッチャン」という語を表わしていることを確実に読み手に伝えるために「っ」を添えたのが「坊っちゃん」という書き方であるとみることができる。

このように、「ツ」または「つ」を小書きにして添える、ということは江戸期の書き方を視野に入れればごく自然なことであった。小書きされた仮名は、語形を明示するために、表音的機能をもって添えられたとみるのがよいと考える。

江戸期、文化一〇（一八一三）年に刊行された、式亭三馬『浮世床《うきよどこ》』初編巻之上の一五丁裏を図15として掲げる。五行目に「翌《あした》ッから」とある。漢字「翌」一字で「アシタ」を表わすことはできるが、「アシタカラ」ではなく「アシタッカラ」であることを示すために、小書きした

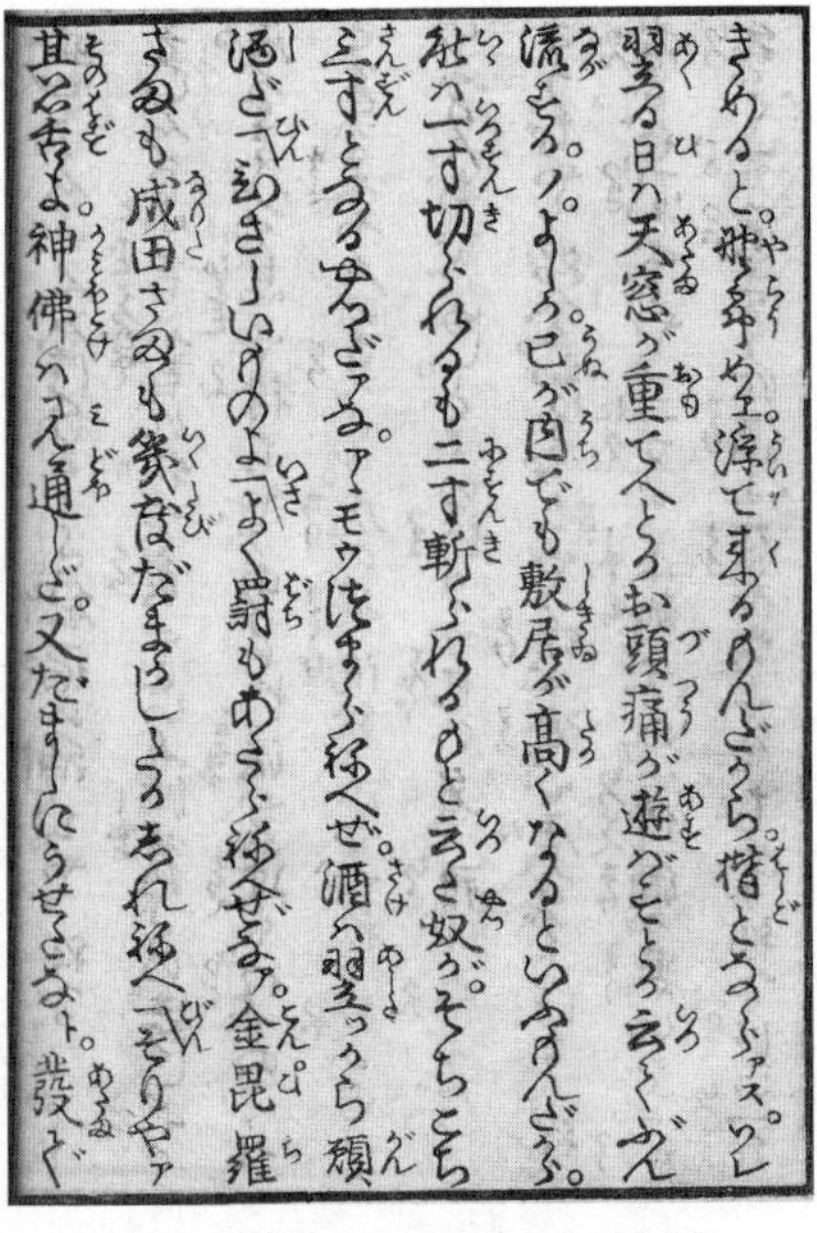

図 15 『浮世床』初編巻之上 15 丁裏

「ツ」が添えられている。あるいは一行目には「とならアス」とあり、「アス」が小書きして右寄りに書かれている。七行目には「そりやァ」とある。他に、「仕《つかま》ッて」(二三丁裏六行目)、「御拝《ごはい》あられませうッ」(同前)、「馬鹿《ばか》ァ云《い》やな」(三五丁表一行目)、「江戸《えど》ッ子《こ》」(三五丁裏六行目・七行目)などとある。こうした「書き方」の延長線上に漱石の『坊っちゃん』の原稿があるといえよう。つまり、「小書き」ということに関して、江戸期の書き方と漱石の書き方とは、原理面において連続している。

ここまで、本章においては、漱石の自筆原稿の特徴を幾つか採り上げて、明治期の「手書き」テキストの諸相を観察してきた。次章では「活字印刷」に観点を移し、印刷物にみられる「揺れ」に注目してみることにしよう。

第二章　「揺れ」の時代
――豊かな明治期の書きことば

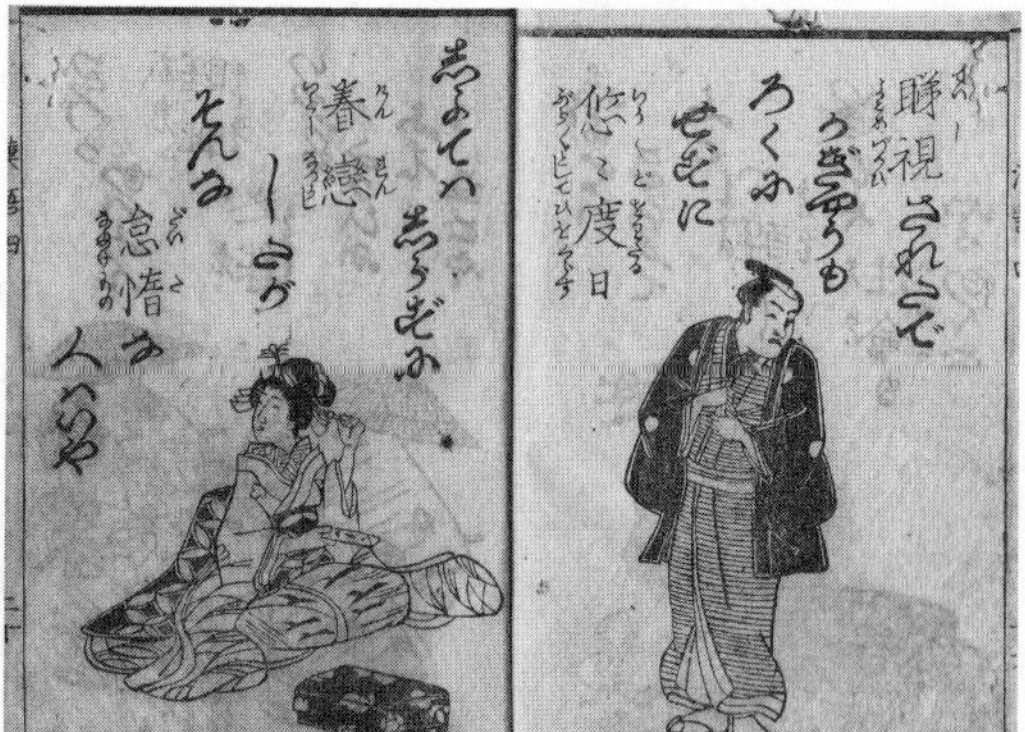

漢語を織り込んだ山々亭有人作『未味字解漢語都々逸』第4編.「カギョウ」「ロクニ」「ショテ」は漢字で書かれていない.

一　日本語を漢字によって書く

複数の書き方

第一章では漢字の字体や書体について、明治期のテキストに、さまざまな「揺れ」があることを見てきた。しかし、こうした「揺れ」は漢字の字体や書体だけにはとどまらない。本章では、おもに、語の形＝語形に関わる「揺れ」及び語の書き方に関わる「揺れ」について考えてみたい。例えば、外来語である「ハンカチ」は、明治期においては、漢字で「手巾」と書くことがあったが、その漢字「手巾」は漢語「シュキン」を表わすこともできたし、和語「テヌグイ」を表わすこともできた。あるいは、漢字「幸福」は、漢語「コウフク」を表わすこともできたし、和語「サイワイ」を表わすこともでき、和語「サイワイ」は「幸い」と書くこともできた。後に述べるように、現代は、一つの語の書き方を(できるかぎり)一つに定めようとする傾向にある。しかし、明治期においては、そうではなかった。そうした意味合いにおいて、明治期は、語形においても語の書き方においても、「揺れ」の時代であったとみることができる。

こうした「揺れ」が生じた要因としては、日本語の語彙体系内に、純粋の日本語＝和語と、中国語からの借用語である漢語とが混在していたことがあると考えられる。そして語を書き表わすための文字種としては、表意系文字であり、かつ元来は中国語を書くための文字であった「漢字」と、その漢字から、一〇世紀頃にうまれた表音系文字である「仮名」とがあった。「サイワイ」という語は、平仮名で書けば「さいわい」、片仮名で書けば「サイワイ」としか書きようがないのであって、仮名で書けば、書き方は一つに定まる。したがって、「日本語を漢字によって書く」ということ、さらにいえば「日本語を漢字によって書きたい」という意識が、書き方に関して「揺れ」をうむ、原因の一つということもできる。そこで、まず「日本語を漢字によって書く」ということがらについて少し整理しておきたい。

規範としての中国語

魏志《ぎし》倭《わ》人伝《じんでん》と通称される記事は、晋《しん》の陳寿《ちんじゅ》（二三三〜二九七）の撰んだ『三国志』の中の『魏志』巻三十、東夷《とうい》伝《でん》中にみられる。そこに描かれていることがらをどのように評価するかについては、ここでは措くとして、それが日本列島のいずれかの地域の描写であるとすれば、そうした書物を編んでいる側の中国と、そこに描かれている側の日本との、文化的な差は歴然としているといえよう。日本にとっての中国は、当初、あらゆる面で模範であり「規範」であったと考えられる。中国大陸、朝鮮半島を意識して正史として編まれた『日本書紀』は、正格の

「漢文」、すなわち古典中国語で書かれている。

例えば、『日本書紀』推古天皇一二年四月一日の條に、「皇太子親肇作憲法十七條(皇太子、親《みずか》ら肇《はじ》めて憲法十七條作りたまふ)」とある。この「皇太子」とは聖徳太子のことである。その冒頭には、「以和為貴無忤為宗」とある。これがよく知られているような「和をもって貴しとし、忤《さか》ふること無《な》きを宗《むね》とせよ」という日本語を書いたものだとすれば、ここでは日本語を「漢文」で書いている、つまり、中国語に「翻訳」していることになる。

『日本書紀』全体が、正格の「漢文」で書かれていることからすれば、これは当然のことといえよう。中国語を書く文字が漢字であることからすれば、「中国語に翻訳された日本語」は漢字で書かれることになる。あるいは漢字を使うのだから中国語で書いた、とみてもよいかもしれない。これは、もっとも中国語らしく「実現」された日本語といえよう。

それに対して、同じように漢字によって書かれてはいても、正格の「漢文」にはなっていない『古事記』は、正史である『日本書紀』に比べると、「中国語らしさ」がやや劣ることになる。意識するしないにかかわらず、「公《おおやけ》」性ということと、「中国語らしさ」とを、結びつけてきたのが日本語の歴史の一つの側面ではないだろうか。この「中国語らしさ」が、文書ひいては「書かれたことば」の「公」性をたかめるという意識は、古代のみならず、その後も長く日本語に影響をおよぼしてきたと考える。

中国語は漢字で書くのが自然であるので、「中国語らしさ」をたかめようとすると、文中で使う漢語が増え、その結果として、文中で使われる漢字が増えていくことになる。あるいは、文中で使う漢語を増やさなくても、和語も漢字で書くようにすれば、「見かけ上」文中に漢字が増え、「見かけ上」文は中国語らしくみえることになる。拙書『振仮名《ふりがな》の歴史《れきし》』(二〇〇九年、集英社新書)においては、「日本語を「漢字で書く」という志向の潜在的なつよさが」(一二四頁)あると述べたが、そうした「志向」の背後にあるのが、「中国語らしさ」への志向だと思われる。

それでは、元来は中国語を表わすための文字であった漢字を使って日本語を書くということについて、明治期の状況を具体的に観察していくことにしよう。

漢語を漢字で書く

最初に、「漢語を漢字で書く」という、もっともわかりやすい例を挙げてみる。明治一七(一八八四)年二月一五日に、太政大臣三條実美《さねとみ》と農商務卿西郷従道《つぐみち》の名前を附して出された太政官布達《ふたつ》第三号は次のように書かれている。(［　］は細字で割書きされていることを示す。)

明治十五年［二／月］第三號布達左ノ通改正ス

民有森林ノ中水源ヲ養ヒ土砂ヲ止メ又ハ風潮ヲ防キ頽雪ヲ支フルノ類國土保安ニ關係アル箇所ニシテ漫ニ其樹木ヲ斫伐シ鑛物土石ヲ掘リ其事業ヲ停止セシムルコトアルヘシ

右布達候事

ここでは「ミンユウ(民有)」、「シンリン(森林)」、「スイゲン(水源)」といった漢語が漢字で書かれている。中には、「タイセツ(頽雪)」や「セキバツ(斫伐)」といった、現在ではほとんど使われないと思われる漢語も使われているが、これらの漢語はすべて漢字で書かれている。

漢語の漢字離れ

「漢語を漢字で書く」のは当然ではないかと思われる読者もあるかもしれない。ところがそうとばかりもいえない。「公」性のたかい文章で、漢語を使い、それを漢字で書くということが行なわれている一方で、明治期には、あるいはそれ以前から「漢語の漢字離れ」は始まっていた。

「漢語の漢字離れ」といった時に、もっともわかりやすい例は仮名で書かれた漢語である。幕末から明治期にかけて出版された「草双紙《くさぞうし》」は、当初はほとんど仮名のみで書かれていた。

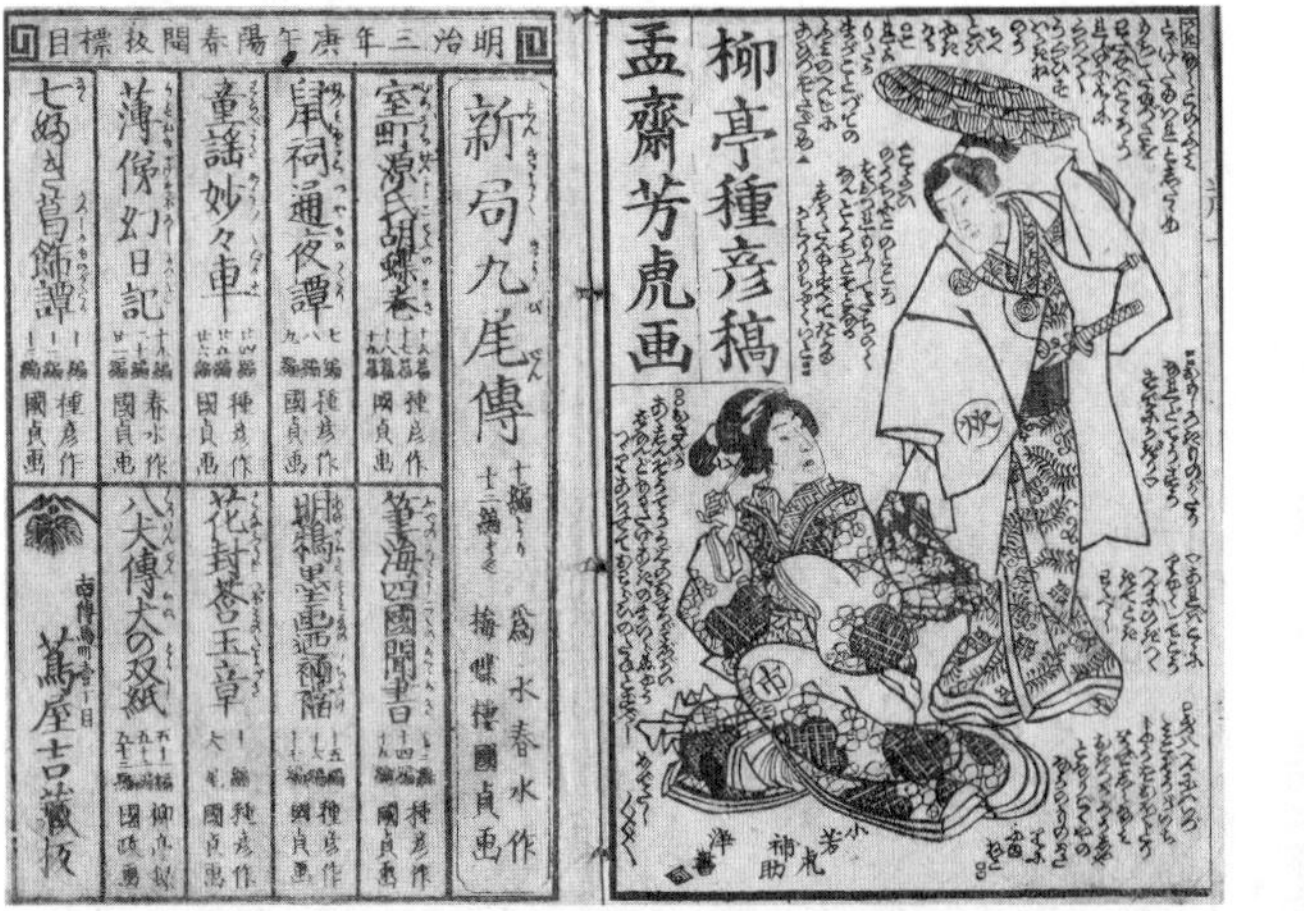

図16　草双紙『鼠祠通夜譚』7編下最終丁

しかし、だからといって、「草双紙」の中で漢語が使われなかったわけではない。

図16は、柳亭種彦《りゅうていたねひこ》『鼠祠通夜譚《ねずみのほこらつやものがたり》』七編下の最終丁である。左側にみえる刊記には「明治三年庚午陽春開板標目」とあって、その下に広告が掲載されているが、広告中に『鼠祠通夜譚』の七編、八編、九編とあり、七編は明治三年頃には出版されていたと思われる。図16として掲げた丁では、「ヘンジ（返事）」「シュウタン（愁嘆）」「チョウスウ（丁数）」「リャク（略）」「コウヘン（後編）」「ロウシャ（牢者）」「アクシン（悪心）」「ゾウチョウ（増長）」などの（広義の）漢語、「アイズ（合図）」「コゾウ（小僧）」「ゴクヤ（獄屋）」「ジガイバ（自害場）」など、和語と漢語とが複合した混種語が使われており、それらが仮名書きされ

ている。

草双紙は、「仮名で書く」ということをまず選択していると思われるので、草双紙に使われている漢語が仮名で書かれているからといって、その漢語が「漢字離れ」しているとは限らないことになる。しかし、そもそも漢字を使わないということがわかっていて作品が書かれているとすれば、仮名で書いても「わかる」漢語が使われていたと推測することは許されるであろう。仮に、現代のわたしたちにあてはめてみれば、「たいせつ」や「せきばつ」と平仮名で書かれても、先ほどの太政官布達にあった「頽雪」や「斫伐」を思い浮かべることはまずできない。しかし、「へんじ」や「あいず」であれば、「返事」や「合図」を思い浮かべることができそうではある。明治期の日本語にもこうした状況が考えられるのではないか。明治二二年に刊行された『和漢雅俗いろは辞典』をみていると、「くわいけい(名)會計、かんぢやう(金錢の計算)」、「くわつぱつ(形)活潑、いきいきしたる、げんきよき、ぐづぐづせぬ」、「けうし(名)驕侈、をごり、ぜいたく」、「けうしや(名)驕奢、をごり、ぜいたく」、「けふぎ(名)。―する(自)協議、いひはかること、さうだん。かたらふ」、「げきと(名)逆徒、むほんにん」、「けしかる(形)爲怪、可怪、あやしき、ふしぎなる」の傍線を施した語のように、語釈中に仮名書きされた漢語が散見している。このように明治期には仮名で書かれるような漢語が存在していた。仮名で書かれている理由は一つとは限らないが、仮名で書かれているのだから、これらの漢語が漢字を離れていることは確かなことで、漢字の支えがなくても理解できるようになっていた漢語といえよう。

そのように「漢字離れ」をし始めている漢語があった一方で、やはり改まった、「よそいき」の雰囲気を保ち続けている漢語も当然のことながら確実にあった。漢語を使うことが「公」性を保つことであり、漢語は漢字で書くのが一般的であったとすれば、結局何らかの「公」性が求められる文、文章には、漢語がかなりな程度使われ、そうした文全体は文字面からいえば、漢字で埋められていた。むしろ、漢語とはそういうものであるとみることもでき、「漢字離れ」をし始めていた漢語はもはや「漢語ではない漢語」になりつつあったとみた方がよいのかもしれない。

和語を漢字で書く

それでは和語についてはどうであろうか。図17は明治一二年に刊行された、岡本起泉《きせん》『其名も高橋／毒婦のお伝 東京奇聞《きぶん》』五編の中巻三丁裏四丁表の箇所である。これも草双紙であるが、こちらは、ある程度漢字を使って、その漢字に振仮名が施されている。三行目の「今聞《いまきく》のが初《はじ》めてで」の行りでは、和語である「イマ」「キク」「ハジメテ」に、それぞれ漢字「今」「聞」「初」があてられているが、これは「訓」に基づいて漢字をあてたことになる。左頁二行目の

図 17　草双紙『東京奇聞』5 編中巻 3 丁裏 4 丁表

「振捨《ふりすて》」も、「フリ」「ステ」それぞれに漢字「振」「捨」をやはり「訓」に基づいてあてたとみることができる。

　ここで注意しておかなければならないのは、明治期においては、一つの漢字の「音・訓」が固定していて、それが共通理解になっていたわけではないということである。例えば現代の「改定常用漢字表」のように、一つの漢字に対応する「音訓」を示した表があって、それが広通していればわかりやすい。しかし、そのような、人為的に整理し、「音訓」を定めた表がなければ、「訓」といっても、当該時期に言語生活をおくっている人の大多数がわかる「訓」もあれば、少数の人にはわかるが、わからない人もいる「訓」もあるということがありそうで、「訓」にも幅があることが予想される。次節で詳述するが、明治期は一つの漢字にそうした複数の「訓」があった時期といってよい。「わからない」ということが、大多数の人はわかるが、ある一人の人が「わからない」ということであれば、それは「言語運用能力の差」ということになる。同じ言語共同体に属している人々の間における「言語運用能力の差」はどのような時期においてもある。しかし、「わからない」人が四割もいたとすると、それはむしろ、わかっていて使う側に「わからない」原因があることになる。つまり、通常の使い方を「超えた」使い方がなされているために、それに「ついていけない」人が四割いるということであろう。「超えた」は「拡大的な使用」ということもできる。「拡大的な使用」についていける人もいれば、ついていけない人もいる、ということは、結局は「言語運用能力の差」といってもよい。極端に「拡大的な使用」になると、誰も「ついていけない」こともあり得る。

明治期は印刷がひろまり、「読み手」の層が拡大した時期であった。言い換えれば、言語運用能力がさまざまに異なる「読み手」に、どのように文字情報を伝えるかということについての模索が、意識するとしないとにかかわらず、行なわれていた時期であった。

標準的ではない語形も漢字で書く

現代日本語で考えてみよう。『岩波国語辞典』第七版新版においては、「ヤハリ」が見出し項目となっており、そこに「「やっぱり」とも言う」と記されている。「ヤッパリ」は見出し項目となってはいるが、そこには「↓やはり」とあり、語釈は置かれていない。「記号表」をみると「↓」は「……を見よ」ということで、「やっぱり」はいわば参照見出し項目であることになる。そして参照見出し項目である「やっぱり」には「俗語(方言)で「やっぱし」「やっぱ」とも言う」と記されている。「ヤッパシ」「ヤッパ」は見出し項目とはなっていない。「ヤハリ」は(無条件で)辞書の見出し項目となっている。このような語形を「標準的な語形」と考えれば、参照見出し項目となっている「ヤッパリ」はいささかなりとも「標準的ではない語形」で、見出し項目となっていない「ヤッパシ」や「ヤッパ」は明らかに「標準的ではない語形」ということになる。こうしたことはいつの時期の言語にも想定することができる。

　明治二二年に刊行が始まり、明治二四年に刊行を終えた大槻文彦(一八四七〜一九二八)編纂の『言海《げんかい》』は近代的な国語辞書の嚆矢《こうし》として高く評価されている。夏目漱石『明暗』(大正六年一月二六日、岩波書店刊)には「日《ひ》頃苦《ごろく》にして、使《つか》ふ時《とき》には屹度《きつと》言海《げんかい》を引《ひ》いて見《み》る、うろ覚《おぼ》えの字《じ》さへ其儘《そのまま》少《すこ》しも氣《き》に掛《かか》らなかつた」(二八三頁)とあり、『言海』は漱石の作品中にも登場する辞書である。この『言海』の見出し項目においては、「古キ語」には「︵」、「訛語《ナマリ》、或ハ、俚語《サトビコトバ》」には「‡」の「標」が附されている。「コ」の部から「‡」の例を幾つか挙げれば、「コイツ(此奴)」「コケル(倒)」「コジレル」「コセコセ」「ゴタマゼ」「コヅク」「コッテリ」「コナイダ

(此間)」「ゴマカス」「コミアゲル(込上)」などがある。

さらに『言海』では、見出し項目のすぐ下に、「普通用」の漢字を掲げていることが謳われている。右では、それが置かれている場合には、丸括弧に入れて添えたが、++が附されているような語には、「普通用」の漢字が添えられていないことが少なくない。例えば「ゴタマゼ」という一語を「ゴタ」と「マゼ」とに分解して、それぞれを「訓」としてもつ漢字があれば、それをあてて、「ゴタマゼ」全体をなんとか漢字で書くことができることになるが、そのように、「訓」を媒介にして書くことができない場合も少なくない。

ところで、『言海』は見出し項目に対する語釈の末に、「漢ノ通用字」を置くことがある。この「漢ノ通用字」と見出し項目との関係についてはまだ完全には解明されていないと考えるが、そこに示された漢字によって、見出し項目を書くことができる場合が少なくない。「ゴタマゼ」には「混淆」が「漢ノ通用字」として置かれている。「混淆《ごたまぜ》」のように振仮名を施せば、「混淆」によって「ゴタマゼ」を書くことができる。

このように、「標準的ではない語形」も漢字で書くということになれば、書き方は原理的に三つある。一つは、「コナイダ」を「此間《こないだ》」と書くように、「コナイダ」に対して「標準的な語形=コノアイダ」に一般的にあてている漢字を使ってとりあえず書き、それに振仮名を施すというやりかた。もう一つは、「ケンマク」を「剣幕」、「ボンヤリ」を「盆槍」、「ヤタラ」を

「矢鱈」と書くように、その時点において定着している「音訓」を媒介として表音的に書くやりかた。この場合は、「音訓」によって語形がわかるので、振仮名が必須ではない。三つめは、右で述べた「混淆《ごたまぜ》」や「動揺《ゆすぶ》る」のように、当該語と語義の重なり合いがありそうな漢語を書く漢字によって表意的に書き、それに振仮名を施すというやり方である。例えば「漢字平仮名交じり」の中において、こうした語は、漢字で書かないのであれば、平仮名で書いて傍点を附けたり、片仮名で書くことになる。

後に述べるように、明治期は、それまで書きことばの中に持ち込まれることがなかった「標準的ではない語形」が多く書きことばの中に持ち込まれた。しかもそれを漢字で書くことを志向していたために、右のような複数の表記原理が使われていた。

外来語を漢字で書く

それまで書きことばの中に持ち込まれることがなかったのは、「標準的ではない語形」だけではない。海外の地名や人名などの外来語も、明治期以前にはそれほど書きことばの中で使われることはなかった。図18はサミュエル・スマイルズの『Self-Help』を中村正直が翻訳した『西国立志編《さいごくりっしへん》』(明治四年刊)第二編の一三章(一四丁表)である。

ここでは、レースを織る機械を作ったジョン・ヒースコートのことが採り上げられている。

章題では「戎《ジョン》。喜斯可土《ヒースコート》」と、漢字をあてた上で片仮名によって振仮名を施し、さらに左側に傍線を加えるという書き方を採っている。五行目の「禮斯土舍《レイストシャー》」は、地名であるが、こちらには左側に二重傍線が加えられており、人名と地名とを傍線の種類によってわかりやすく表示している。しかし、どちらにしても、このような外国の人名・地名を漢字で書いていることがわかる。

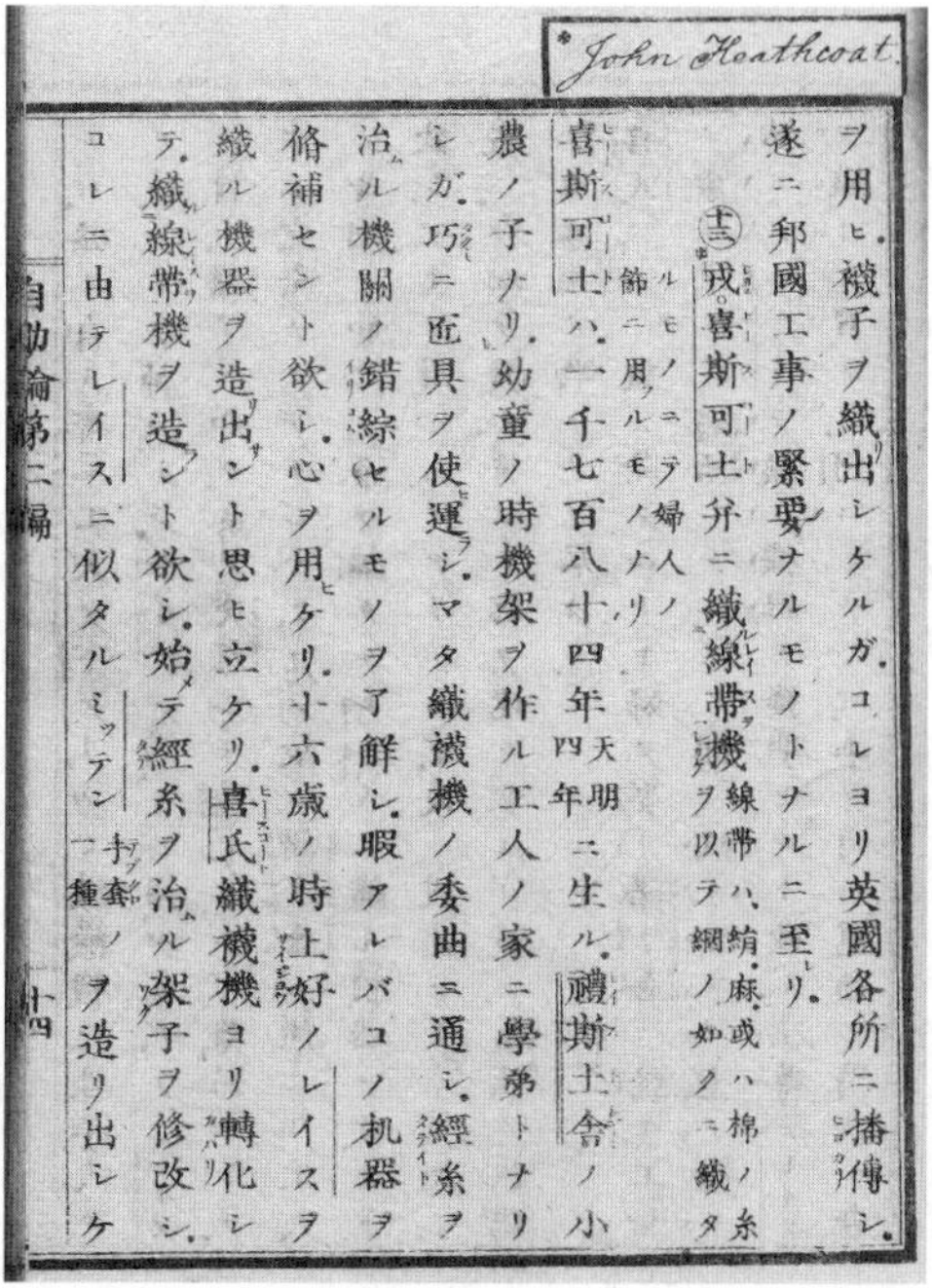

John Heathcoat

自助論第二編　十四

ヲ用ヒ。織子ヲ織出シケルガ。コレヨリ英國各所ニ播傳シ。
遂ニ邦國工事ノ緊要ナルモノトナルニ至レリ。
⑬戎。喜斯可土弁ニ織線帯機　線帯ハ、絹・麻・或ハ棉ノ糸ヲ以テ網ノ如クニ織タルモノニテ婦人ノ飾ニ用フルモノナリ
喜斯可土ハ。一千七百八十四年天明四年ニ生ル。禮斯土舍ノ小
農ノ子ナリ。幼童ノ時機架ヲ作ル工人ノ家ニ學弟トナリ
シガ。巧ニ匠具ヲ使運シ。マタ織襪機ノ委曲ニ通シ。經糸ヲ
治ル機關ノ錯綜セルモノヲ了解シ。暇アレバコノ机器ヲ
脩補セント欲シ。心ヲ用ケリ。十六歳ノ時上好ノレイスヲ
織ル機器ヲ造出ント思ヒ立ケリ。喜氏織襪機ヨリ轉化シ
テ。織線帯機ヲ造ント欲シ。始メテ經糸ヲ治ル架子ヲ修改シ。
コレニ由テレイスニ似タルミッテン一種ノ手套ヲ造リ出シケ

図18　『西国立志編』第2編13章

「レース(lace)」は章題中では「線帯《レイス》」と書かれ、「線帯ハ、絹、麻、或ハ棉ノ糸ヲ以テ網ノ如クニ織タルモノニテ婦人ノ飾ニ用フルモノナリ」と説明が加えられている。しかし、九行目では「レイスヲ織ル機器」のように

片仮名で書かれ、右側に傍線が加えられている。それは一二行目の「ミッテン」も同様である。このように、外来語に関しても、漢字をあてて書くやりかたと、仮名で書くやりかたと、複数の書き方があった。漢字をあてて書くやりかたにも、「線帯《レイス》」のような「表意的な書き方」と、「喜斯可士《ヒースコート》」のような「表音的な書き方」とがある。

結局、明治期においては、伝統的な漢語＝古典中国語、江戸期以来中国語から借用してきた新しい漢語＝近代中国語、日本でつくりだされた疑似漢語、標準的ではない語、外来語といったさまざまな語が和語とともに日本語の語彙体系をかたちづくっており、それらすべてをやはり漢字で書く、書きたいとなった場合、「表意的な書き方」・「表音的な書き方」という二つの表記原理を駆使することになる。そしてそのいずれにおいても活躍していたのが、「語形」をはっきりと示す「振仮名」であった。次節ではその振仮名の活躍ぶりを具体的に見ていくことにする。

二　活躍する振仮名

「一般的ではない」書き方

図17に掲げた草双紙『其名も高橋／毒婦のお伝　東京奇聞』に、「路用《ろよう》」(上段後ろから七行目)「難《なん》

儀《ぎ》」(下段後ろから二行目)とある。これらは漢語「ロヨウ」「ナンギ」をもっとも一般的な書き方で書いたものである。「もっとも一般的」というと、これら以外の書き方があるのか、ということになるが、それが江戸期から明治期にかけては、あった。「バンテン(盤纏)」という〈旅費〉を語義とする中国語がある。『水滸伝』や『醒世恒言《せいせいこうげん》』といった、明代に成立した白話小説で使われていることからすれば、近代中国語とみなすことができそうな語である。この「盤纏」によって「ロヨウ」という漢語を書いた例が明治期には少なからずある。森鷗外『即興詩人』に「落人《おちうど》の盤纏《ろよう》にとて、危急の折に心づけたる、彼嫗の心根こそやさしけれ」(上巻、一八四頁)とあるが、他には『孝女の仇討　白石譚《しろいしばなし》』(明治一七年三月刊)にも「往來《ゆきゝ》の旅人《たびびと》の衣服《いふく》を剥《は》ぎ盤纏《ろよう》を奪《うば》ふ」(一〇オ八行目)とある。この『孝女の仇討　白石譚』では、右の例の二行後に「路用《ろよう》は悉皆置《のこらずおい》て行《ゆ》け」とある他、「傍《かたへ》に有《あり》し金子《かね》一包《ひとつゝ》みを路費《ろよう》に爲《せ》よ」(一四ウ六行目)ともある。また「盤纏」の字順を逆にした「纏盤」を「ロヨウ」にあてた例が、『明治水滸伝』(明治二二年一〇月刊、四七頁三行目)にみえ、『才子佳人蛍雪美談』(明治一九年五月刊)には、〈持ち歩いている資財〉という語義をもつ漢語「ヨウテン」にあてる漢字「腰纏」によって、「ロヨウ」を書いた例が「有合《ありあ》ふ金《かね》を腰纏《ろよう》とし」(九頁一三行目)とみえる。

あるいは「ナンギ(難儀)」を例とすると、例えば、宝暦七(一七五七)年に上編二〇冊が刊行された『通俗忠義水滸伝』の巻之一の下、一八丁表一一行目には、「小人母子二人旅客《タビノモノ》ニテ候ガ宿店《トマリ》ヲ錯過《トリハヅ》シ夜ニ入テ難辛《ナンギ》致シ候」とあって、ここでは漢語「ナンギ」に「難辛」という漢字をあてている。一方、寛政二(一七九〇)年にやはり二〇冊が刊行された『通俗忠義水滸伝』拾遺《しゅうい》巻之一〇の下、二九丁裏三行目では、「又乱ニアウテ狼狽《ナンギ》セシ人民ニハ多ク銭米《センベイ》ヲタモウテ是ヲ賑シ功アツテ討死セシ諸将ニハ各々是ニ追号《ヲクリゴウ》ヲタマイヌ」とあり、こちらでは「ナンギ」に「狼狽」という漢字をあてている。『通俗忠義水滸伝』は、中国の明頃に成立した『水滸伝』を、漢文訓読調に翻訳したものであるので、原典というべき『水滸伝』の中国語との関わりを視野に入れておく必要があるが、そのようなテキストのみに、このような書き方がみられるわけではない。これは江戸期の例であるが、明治期には次のような例がみられる。

明治二〇年前後には、ボール紙に紙表紙を貼り付けた粗末な装幀の本が陸続と出版された。所謂「ボール表紙本」と呼ばれるテキスト群である。その一冊に、明治二二年に大阪の競争屋《きょうそうや》という書肆から発売された、中村芳松《よしまつ》『緑林時雨《みどりのはやししぐれ》の風説《とりさた》』がある。その中に「世《よ》の中《なか》の剛《がう》慾非《よくひ》道《だう》な物持們が金を奪ふて正道《しやうだう》で難澁《なんぎ》を做《し》て居《ゐ》る人々を救《すく》ふ目的《めあて》で働んと基礎《どだい》を立更《たてか》へ」(五六頁一三行目)とある。ここでは「ナンギ」に漢字「難澁」があてられている。また、続いてみられる「基礎《どだい》」も、漢語「ドダイ(土台)」に、「ドダイ」とは別の漢語「キソ(基礎)」に使う漢字をあてて書いたもので、「難澁《なんぎ》」と「基礎《どだい》」とは同じ原理で書かれている。

こうした例は幾つでも挙げることができる。同じ『緑林時雨の風説』から挙げてみれば、

「平生《ふだん》」「主管《ばんとう》」「準備《したく》」「命令《さた》」「清楚《きれい》」「庇護《せわ》」「承諾《しゃうち》」「低頭《じぎ》」「周全《せわ》」「商量《そうだん》」「資財《しんだい》」「収拾《しまつ》」「承引《しょうち》」「平常《ふだん》」「俳優《やくしゃ》」などがある。

「商量」はどんな語を書いたものか

例えば、「ソウダン」という漢語は現代においては、「相談」と書くのが一般的であるので、「商量」と書いてあっても、これが「ソウダン」という漢語を書いたものだとは「わからない」。しかしそれは、あくまでも「現代においては」である。

実は江戸期から明治期にかけての文献をみていると、「商量《そうだん》」という書き方を目にすることが少なくない。ということは、そうした時期においては、このような書き方がある程度のひろがりをもって行なわれていた可能性がある。だとすれば、振仮名のない「商量」は、まずは漢語「ショウリョウ」を書いたものと、そうした時期においても思われたであろうが、漢語「ショウリョウ」では落ち着きのわるい文脈であれば、「ソウダン」を書いたものであろうという推測は絶対にできなかったかといえば、そうではないと予想する。現代日本語を母語とするわたしたちが「わからない／判断ができない」ことは、江戸期や明治期においても「わからない／判断ができない」ことであったかどうか、やはりそこは慎重に考える必要がある。現代は絶対ではない。現代語で考えてみよう。「眼下にみえる高速道路は渋滞しているのか、ずっと続く尾灯《テールライト》が一本の赤い線のように見えている」という一文では、外来語「テールライト」に漢字「尾灯」をあてている。この振仮名をはずした時に、「尾灯」は「ビトウ」という漢語を書いているのではない、という推測ができそうではある。それは、「ビトウ」という漢語があまり使われないという判断ができるからで、ある一文に使われそうな語、使われそうもない語という判断は、その時期の言語使用者には可能であろう。話を戻す。

しかしそうはいっても、「商量《そうだん》」とあることによって、この漢字「商量」が漢語「ソウダン」を書いたものであることが「誰でもがわかる」ことが保証されていることは確かで、振仮名が、書き方の多様性を支えていたことは疑いがない。

語形を明示する機能

右では漢語に関わる例を採り上げたが、和語に関しても同様のことがいえる。図19として明治一〇年に横浜で出版された『新約聖書約翰《ヨハネ》書』を掲げる。

ここには「元始《はじめ》」「生命《いのち》」「同心《とも》」「喜楽《よろこび》」とある。これらは、和語である「ハジメ」「イノチ」「トモ」「ヨロコビ」を、それぞれ、漢語「ゲンシ」「セイメイ」「ドウシン」「キラク」を書く場合に使う漢字によって書いた例とみることができる。さきほどと異なるのは、これらは和語を書いたもので、さきほどの例は漢語を書いたものであったという点だけである。明治期

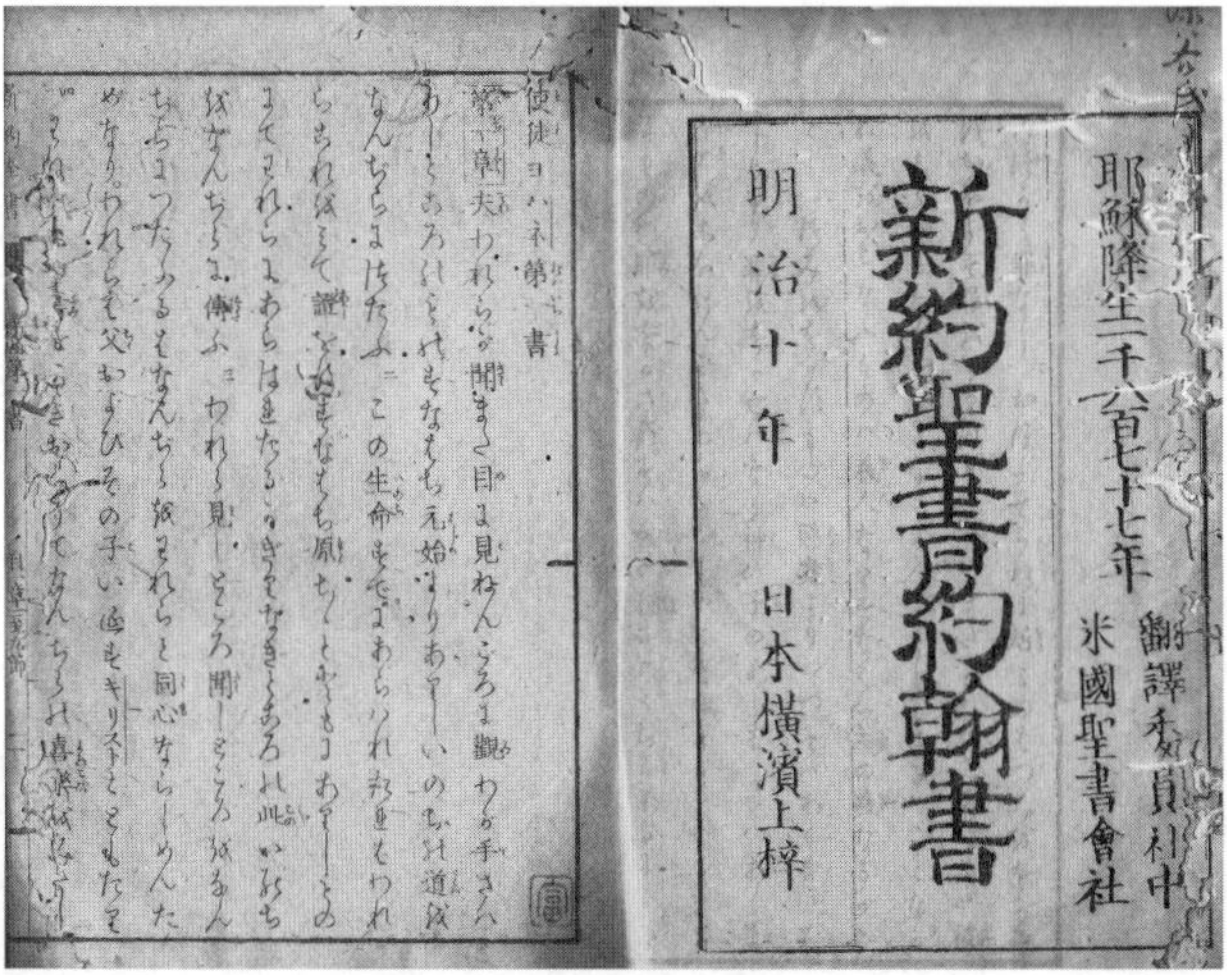

図 19 『新約聖書約翰書』

のさまざまなテキストを視野に入れても、この『新約聖書約翰書』がことさらに変わった書き方をしているとは思われない。『新約聖書約翰書』には、他に同様の例が「信実《まこと》」「完全《まつたう》す」「真実《まこと》」「壮者《わかきもの》」「剛健《つよく》」「驕傲《たかぶり》」「虚仮《いつはり》」「資財《たから》」「窮乏《ともしき》」「迷謬《まどひ》」「全備《まつたき》」「恩寵《めぐみ》」「平康《やすらき》」「成全《まつたき》」「隆盛《さかん》に」「康強《すこやか》ならん」「賓旅《たびゝと》」などとみえている。

あるいは、先に採り上げた『緑林時雨の風説』には「資財《しんだい》」という書き方がみられ、この『新約聖書約翰書』には「資財《たから》」という書き方がみられる。つまり、「シンダイ(身代)」という漢語も「タカラ」という和語も、同じ漢字列「資財」で書いていることになる。そしてこの共通して用いられている漢字列「資財」は漢語「シザイ」を書く場合に用いる漢字列である。こうした書き方が可能であるのは、漢語「シンダイ」・漢語「シザイ」・和語「タカラ」の間にわりあいとつよい語義的な結びつきが形成されているためと推測することができる。

振仮名と送り仮名

振仮名とともに「語形を明示する」ために重要な役割を果たすのが、送り仮名である。ここではその役割も併せて見ておくことにしよう。

先に掲げた図19の七行目に「傳《つた》ふ」とある。改めて言うまでもないが、「ツタウ」という語の一部に漢字をあて、一部を送り仮名として添え、かつ振仮名を施している。図19の次の丁の三行目には、「暗《くらき》」とある。この場合、送り仮名はないが、「暗《くら》き」と書くこともちろんできる。振仮名と送り仮名とを組み合わせて使うことにすれば、「暗《く》らき」と書くこともできる。この場合は振仮名が必要なくなるかもしれない。振仮名を施すことによって、送り仮名を省くこともでき、逆に送り仮名を送ることによって、振仮名の必要性がひくくなるということもある。

現代においても、送り仮名の「唯一の付け方」が決められているわけではない。昭和五六(一九八一)年に内閣告示された「送り仮名の付け方」には「単独の語及び複合の語の別、活用のある語及び活用のない語の別等に応じて考えた送り仮名の付け方に関する基本的な法則」である「通則」の下に「送り仮名の付け方の基本的な法則」である「本則」が置かれ、さらに「本則による形とともに、慣用として行われていると認められるものであって、本則以外に、これによってよい」という「許容」を認めている。

例えば、活用のある語についての通則1の本則は「活用のある語は、活用語尾を送る」ということで、これに従えば、「オコナウ」は「行う」と書くことになるが、「許容」は、「活用語尾の前の音節から送ること」を認めており、「行なう」と書くことも認められている。振仮名を使えば、「行《おこな》う」も「行《おこ》なう」もごく自然な書き方にみえるし、現代のわたしたちの眼には奇妙なものに映るであろうが、振仮名を使えば、「行《おこなう》」、「行《お》こなう」も、さほど奇妙な書き方でもないということができる。ただし「行《お》こなう」は「おこなう」とあまり変わらないことになり、振仮名の語形明示機能はほとんどないにちかい。つまり「行こなう」と書くのであれば、振仮名はなくても「オコナウ」という語を書いていることはわかる。送り仮名は、振仮名を使うのか使わないのかによって、その機能がまったく異なってくる。

いずれにしても、和語・漢語・外来語を取り混ぜて使い、さまざまな語を「漢字で書く」ために、振仮名や送り仮名が活躍していたことがわかる。ではその「語形の多様性」はどのようなものであったのか、次節で具体的に見ていくことにしよう。

三　語形の多様性

話しことばと書きことば

本章一節において、「標準的ではない語形を漢字で書く」ということがらについて少しふれたが、そもそも「標準的ではない語形」が「書きことば」に持ち込まれたということに注目しておく必要がある。「話しことば」と「書きことば」とは、もちろんつながりがあるが、といって、「話しことば」を文字化したものが、すぐにそのまま「書きことば」になるということではない。「話しことば」と「書きことば」とは、それぞれに特徴を備えた、独立した「言語態」でありながら、両者の間にはつねに両者をつなぐ「回路」のようなものが確保されていると考えればよい。このことについて、具体的に説明をしてみたい。

講談筆記本とボール表紙本との対照

宝井琴凌《きんりょう》講述、加藤由太郎速記と記されている『天下茶屋仇討』(明治四三年三月第一五版、聚栄堂大川屋書店発行)という題名の一書がある。大川屋からは、双龍齋貞鏡講演『復讐美談岩見《いわみ》重太郎《じゅうたろう》傳』、桃川燕林《えんりん》講演『梅川忠兵衛』など、講談の筆記物が数多く出版されているが、そうした筆記物の中の一冊である。明治四三年に先立つ明治一九年一一月には、辻岡文助を「原版人」として、広知社から、先にふれた、所謂ボール表紙本の形態で、『敵討天下茶屋』が出版されている。『天下茶屋仇討』のもとになっているものとがどの程度重なり合うのかということをまず検証する必要があるが、今ここではその検証を省く。題名がほぼ同じであることからすれば、両テキストが、どこかで何らかの関わりをもっていることは、(その程度はともかくとして)むしろ当然かもしれない。今両テキストが何らかの関わりをもっていると前提してみる。さて、『天下茶屋仇討』に次のような行りがみられる。

三「エヽ………と一喝叫《かつさけ》んで踏出《ふみだ》す無双《ぶそう》の勇士《ゆうし》林玄蕃の右《みぎ》の肋《あばら》なり諸《もろ》に突抜《つきぬい》たるが戦場往來《せんぜうおうらい》の無双《ぶそう》の豪傑小刀抜《ごうけつせうとうぬ》くても見《み》せず槍《やり》の千檀《せんだん》より切《きつ》て落《おと》し　玄「敵《てき》は當麻《とうま》三郎右衛門《ママ》なるぞ逃《に》がすなと一言大音《ごんだいをん》に呼《よば》はり馬《うま》より玄蕃圖轉倒《づでんとう》と落《お》ちる　一同「ソレ………。と大勢《おうぜい》の家來椎《けらいしい》の木林《きはやし》の内《うち》へ柄《つか》に手《て》を掛《か》け飛込《とびこ》んで見《み》たが最《も》早逃足早《はやにげあしはや》き當麻《とうま》三郎右郎門確《たし》かに手答《てごた》へが爲《し》たるに由《よ》り雲霞《くもかすみ》と椎《しい》の木林《きばやし》を逃《に》げ去《さ》る　(七頁四〜一〇行目)

この箇所に対応すると思われる行りが、ボール表紙本『敵討天下茶屋』には次のようにみられる。

エイと突出《つき》す鋭《するど》き槍先《やりさき》憐《あはれ》むべし玄蕃が左手《ゆんで》の脇腹《わきはら》へぐざと計りに突込《つきこん》たり大勇無雙《ぶさう》の玄蕃なれ共何條《でう》以て堪《たま》るべき馬上より眞逆樣《まつさかさま》に落《おち》けるにぞ三郎右衛門は仕濟《しすま》したりと其儘鎗《やり》を打捨《うちすて》て跡を暗《くら》まし一散に木立《こだち》の内へ走り入行き方知れず逃失《にげうせ》たり　（二二頁二〜四行目）

例えば、「話しことば」で「馬《うま》より玄蕃圖《づ》轉倒《でんとう》と落《お》ちる」と話したことを、「書きことば」に移すにあたっては、「馬上より眞逆樣《まつさかさま》に落《おち》ける」と書くのが自然だったとすれば、「話しことば」では和語「ウマ」が、「書きことば」では漢語「バショウ／バジョウ(馬上)」が使われたことになる。また「話しことば」の「ズデントウ」には「書きことば」の「マッサカサマ」が対応していることになる。「ズデントウ(ズデンドウ)」が「書きことば」でまったく使われないわけではもちろんないが、「マッサカサマ」よりは使われる頻度が低そうなことは予想できる。例えば、『言海』は「ズデントウ(ズデンドウ)」を見出し項目としていない。

話すように書く

このように、「話しことば」では使われるが、「書きことば」では使われないという語はいつの時期であっても存在したことが予想される。しかし、「書きことば」が「話しことば」に接近してくれば、つまり「話すように書く」という志向が生まれれば、「話しことば」(のみ)で使われていた語が「書きことば」内に持ち込まれることになる。

明治三六(一九〇三)年に発表された、小杉天外《てんがい》『魔風恋風《まかぜこいかぜ》』前編から例を挙げる。

1　車夫《しやふ》はへどもどして、幾回《いくたび》か首《くび》を垂《さ》げて、直《す》ぐ様群衆《さまぐんしゆ》の中《なか》へ腕車《くるま》を曳入《ひきい》れやうとした。　(四頁三行目)

2　矢張《やツぱ》し、顔《かほ》を負傷《けが》しまいと思《おも》つて、夢中《むちう》になッて、それ、手《て》を突《つ》いたんでせう。　(八頁五行目)

3　直《す》ぐ前《まへ》の木戸口《きどぐち》から、バケツに水《みづ》を提《さ》げて、ひよッくり下婢《げぢよ》が出《で》て來《き》たが、　(七七頁九行目)

4　東吾《とうご》は母《はゝ》の險相《けんまく》に辟易《へきえき》した。　(一七一頁九行目)

5　旅行《りよかう》の準備《じゆんび》、借《か》りて行《ゆ》く書籍《ほん》など、種種《いろ〳〵》と大切《だいじ》な用事《ようじ》の雑然《ざつぜん》と思浮《おもひうか》んだ中《なか》に、萩原初野《はぎはらはつの》の事《こと》が一番強《ばんつよ》く頭《あたま》を擡《もちや》げた。　(一七四頁一二行目)

6　ぢや、堪忍《かにん》して呉《く》れるの？　え、姉《ねえ》さん堪忍《かにん》して呉《く》れて？　(二〇四頁九行目)

右に掲げた「ヘドモド」、「ヤッパシ」、「ヒョックリ」、「モチャゲル」、「カニ」は『言海』に見出し項目として登載されていない。4の「ケンマク」は、艹を附して「けんまく(名)険相《ケンサウ》ニ同ジ」とある。「ケンソウ」は、「けんさう(名)険相顔色ノ鋭《ススド》キコト。ケンマク」とあり、結局漢語「ケンソウ(険相)」と語義がちかい漢語「ケンマク」を、前者に使う漢字によって書いた例ということになる。

話しことばを書く工夫

1では「ヘドモド」という語に、3では「ヒョックリ」という語に傍点が附されている。慶応三(一八六七)年に初版、明治五(一八七二)年に再版、明治一九(一八八六)年に第三版が出版された、ヘボンの編んだ和英辞書『和英語林集成』においては、再版と第三版とに「ヘドモド」が載せられている。そして、第三版では「colloquial(口頭語)」を表わす「(coll.)」表示が附されている。しかし漢字は添えられていない。一方、3の「ヒョックリ」は、初版から第三版まで、「ヒョククリト」の形で、「Sudden and unexpectedly」という語釈を附され、かつ「慓然」という漢字を添えて載せられている。そして第三版では、やはり「(coll.)」表示が附されている。「慓」字字義は〈かるい。すばやい〉であるので、「ヒョックリ」と「ヒョウゼン(慓然)」とは結びつかなくはない。しかし、『日本国語大辞典』第二版が掲げている使用例はすべて仮名書きされており、ヘボンがどこからこの漢字を探し出してきたかはわからない。いずれにしても、「ヘドモド」や「ヒョックリ」というような語は漢字で書き難い。こうした語が書きことばに持ち込まれた場合、仮名で書くことになることが予想される。

漢字「矢張り」と結びつきやすい語形は「ヤハリ」であり、「矢張《ヤツぱ》り」(七一頁一〇行目)は振仮名を施すことによって、「ヤハリ」ではなく、「ヤッパリ」という語形を書いたものであることを示している。2の「矢張《ヤツぱ》し」は「し」を送り仮名として添えることによって、「ヤッパシ」であることを示しているといえよう。「ヤハリ」を標準語形と考えれば、「ヤッパリ」、「ヤッパシ」は幾分なりとも非標準語形といえそうで、このような場合は、標準語形を書く時に使用される漢字を軸にして、それに振仮名・送り仮名を補うことで、非標準語形であることを示す必要がある。

5も「擡」字字義は〈もたげる。もちあげる〉であるので、「モチアゲル」を「擡」字で書くことは自然であるが、それを軸として、「モチヤゲル」をも「擡」字で書き、振仮名を施している。同様の例が二葉亭四迷『平凡』(明治四一年三月刊)にも「首《くび》を擡《もちや》げて」(五〇頁一行目)とみえる。なお、『平凡』には「持上《もちや》げたら」(一八二頁七行目)もある。6も、漢語「カンニン(堪忍)」の変化形である「カニ」に、「カンニン」を書く時に使う「堪忍」をあてている。

他に『魔風恋風』前編から傍点が附されている語を挙げれば、「蜜柑《みかん》の皮《かは》と共《とも》に石炭《せきたん》を掬《しや》くつて、ぢやくりと一《ひと》つ炊《くべ》たのである」(一四頁二行目)、「女《をんな》の使《つか》ふ御金《おかね》は、使《つか》つた丈《だけ》の品《しな》がちやんと殘《のこ》つて居《を》りますけれど」(三四頁六行目)、「赤《あか》く肥《ふと》つた下婢《げぢよ》の手《て》がぬッと内《うち》へ入《はい》つて」(三八頁四行目)、「殿井《とのゐ》はのッそり敷居《しきゐ》に立《た》つて居《ゐ》る」(四四頁五行目)、「紙門《からかみ》をばたりと閉《し》める」(五四頁九行目)など、擬音語・擬態語に傍点が附されていることが少なからずある。

右で述べてきたように、明治期は「書きことば」内に、「話しことば」で使われていたと思われるさまざまな語形が持ち込まれ、「書きことば」そのものが拡大していった時期といえよう。そうした中で、ある場合には語義がちかい漢語にあてる漢字を借り用い、ある場合には仮名で書き、また振仮名や送り仮名を活用しながら、そうした「新しい書きことば」を文字化する工夫がなされていった。そのこともまた、明治期の日本語に「幅」をもたせる要因の一つとなった。

四　書き方の多様性――同語異表記・異語同表記

現代日本語の表記

ここまで、明治期の日本語の多様性を見てきたが、それに比べて現代の日本語は、一つの語はできるだけ一つの書き方にしようとしている、そのような「方向」にある、と稿者には思われる。

例えば『岩波国語辞典』第七版新版（二〇一一年一一月刊）においては、見出し項目の下に「表記形」を示している。「凡例」には「【　】の中に、その語の書き表し方を示した。ただし、見出しの仮名と全く同じ場合は省略した。なお、表記形がいくつかある場合は並べてあげた」とある。同辞書で「コドモ」という語をひいてみると、その「表記形」には「子供」とある。同様に、和語「アヤマチ」「サイワイ」「ネンゴロ」、漢語「アイサツ」「フダン」をひいてみると、そこには、それぞれ「過ち」「幸い」「懇ろ」「挨拶」「不断」とあって、いずれも一つの「表記形」が示されている。和語は、「改定常用漢字表」に登載されている「訓」に基づいて書くのが一般的であるので、右の書き方は現在ではもっとも一般的な書き方であり、また漢語はそもそも書き方が一つであるともいえ、そう考えれば右の「表記形」は現代において自然なものであることになる。

日常の言語生活において使う漢字の範囲をまず定め、次にその漢字の「音訓」を定める。そして、和語は訓に基づいて書くことにすれば、右に述べたように、漢語の書き方はそもそもは一つであるので、結局原則的には、一つの語の書き方は一つになる。ある語の「表記形」が一つであるということは、語と「表記形」とが一対一の対応を形成しているということであり、それはそれでもちろん評価できる。しかしそれは、「使う漢字の範囲」が定められ、かつ漢字ごとの「音訓」が定まっていなければ実現しにくい。つまりそのようなことが人為的に定められていなければそうはならないということである。

言語は時間の経過とともに、何らかの変化をする。なぜそのような変化をしたのかが比較的わかりやすい、説明しやすい場合もあるが、わからない場合もある。変化が最初から言語に内包されているとしかいえない場合もある。そうであれば、言語はもともと「揺れ」るということをそれほどきらってはいないともいえる。時間の経過とともに、「揺れ」の幅が小さくなり、ある種の収斂をみせることももちろんある。しかし、だからといって、「揺れ」がまったくなくなるわけではない。

少なくとも表記に関していえば、現代のような状態になったのは、日本語の長い歴史の中で、ここ百年ぐらいの間であり、それまでは、「揺れ」の時期がずっと続いていた。現在が日本語の歴史の中ではむしろ特異な状況下にあるのだが、現代に生きるわたしたちには、それがわかりにくい。そして、例えば一つの語に幾つもの書き方があった明治期が奇異なものとみえる。

同語異表記

できるかぎり具体的に述べていきたいので、ここでは明治二一(一八八八)年三月七日に出版された『千代《ちよ》の礎《いしずえ》』を一つの例として採りあげることにする。このテキストには「訳者兼発行者」として、日本橋区蠣殻《かきがら》町一丁目四番地、三浦徹、「印刷者」として、京橋区西紺屋町二六番地寄留、島連太郎の名が刊記に記されている。表紙には「A LIGHT-HOUSE STORY　千代の礎」とある。稿者所持のテキストには、「神港　二番踏切　福音社　仕入」の朱印が押されてあり、裏表紙には、いずれかの時期の持ち主であろうか、「浅井久正」と墨書されている。

明治期のテキストから同語異表記の例、すなわち一つの語をいろいろな書き方をしている例を探し出すことはむしろたやすい。『千代の礎』がそうした例を豊富にもっている特殊なテキストなのではなく、ほとんどのテキストがそうである。

さて『千代の礎』には、難破船から救出されたテヰンピーという子供がでてくるが、「一人《ひとり》の小兒《こども》の其他《そのほか》には何《なに》も得《え》しものはなかりし」(二八頁四行目)、「ドレ其幼兒《そのこども》を見《み》せよ」(四九頁七行目)、「憚《はゞかり》もなく童兒《こども》の如《ごと》く泣居《なきゐ》たり」(八八頁八行目)とあり、その他に「普通《よのつね》の童子《こども》より努力《ちから》も強《つよ》く知恵《ちゑ》もすゝみ」(一二頁一〇行目)もみえる。一つの文献の中で、「コドモ」に「小兒」・「幼兒」・「童兒」・「童子」の四種類の漢字があてられていることになる。これらが、漢語「ショウニ」・「ヨウジ」・「ドウジ」を書く時に使う漢字であることには留意しておきたい。明治期をみわたせば、「コドモ」にあてられる漢字として、右の他に「小供」「子共」「兒」などもある。一つのテキスト内で、複数の漢字が使われる場合も多い。しかしだからといって、そこにことさらな書き手の意図を忖度する必要はないと考える。

あるいは、「老人《らうじん》の誤聞《あやまち》と思《おも》ひたるぞ」（五三頁七行目）、「先《さき》に涙《なみだ》と見《み》たるのは誤認《あやまち》にてありしかと」（八七頁九行目）、「我誤《われあやま》ちぬ誤《あやま》ちぬ」（一一一頁七行目）においては、和語「アヤマチ」に「誤聞」・「誤認」・「誤」の三種類の漢字があてられている。漢字「誤聞」「誤認」はいうまでもなく、漢語「ゴブン」「ゴニン」を書くときに使われる漢字で、それぞれの漢語の語義は〈ききあやまり〉と〈あやまってそれとみとめること〉とで、語義が異なる。ここでは、抽象的で語義が広い和語「アヤマチ」に漢字をあてるに際して、その「アヤマチ」が使われている文脈にふさわしい漢字を選んでいると思われるが、こうしたことももちろんある。しかし、意図的に特定の漢字を選んだわけでもなさそうなことがむしろ多い。

「彼《かれ》の爲《ため》には無此上僥倖《こよなきさいはひ》」（一一一頁五行目）、「願《ねが》ふてもなき幸福《さいはひ》なり」（一一二頁九行目）では、和語「サイワイ」に「僥倖」・「幸福」の二種類の漢字があてられている。また、「此頃《このごろ》デビス氏《し》が親切《ねんごろ》に磐石《いはほ》の上《うへ》にあれかしと教《をし》へたまひし」（七七頁一二行目）、「二人《ふたり》して懇《ねんごろ》に食物《くひもの》のこと其他《そのた》のこと心《こゝろ》にかけて世話《せわ》しなば必《かな》らずや悦《よろこ》びなん」（八四頁六行目）では、和語「ネンゴロ」に「親切」・「懇」の二種類の漢字があてられている。

「其時《そのとき》サンデー老人《らうじん》は其人《そのひと》の手《て》を握《と》りて慇懃《いんぎん》に挨拶《あいさつ》し」（八六頁六行目）では漢語「アイサツ」に漢字「挨拶」をあてているが、「又慇懃《またいんぎん》に答禮《あいさつ》せり」（八六頁一〇行目）では、漢語「アイサツ」に、漢語「トウレイ」を書く時に使う漢字「答禮」をあてている。「日曜日《にちえうび》にも平日《ふだん》の如《ごと》く花《はな》園《その》に働くことあり」(四二頁九行目)、「アリツク」は亦《また》平生《ふだん》の如《ごと》く教科書《けうくわしよ》を讀《よ》み」(四二頁一〇行目)では、漢語「フダン」に、漢語「ヘイジツ」・「ヘイゼイ」を書く時に使う漢字「平日」・「平生」をあてている。現代においても、和語「サイワイ」に、振仮名を併用して、「幸福」をあてることがないではない。しかし、漢語「フダン」に「平生」をあてることは、振仮名を使ったとしても、稀であろう。そのような現代からみると、「平日《ふだん》」や「平生《ふだん》」は奇異に見える。しかし、同様の例は『千代の礎』の中に、「漸次《しだい々々》に」(一一一頁一一行目)、「準備《したく》」(六二頁三行目)、「強健《たつしや》」(一〇九頁五行目)、「平常《へいぜい》」(一一三頁一一行目)のように幾つも見出すことができる。さらに視野を広げれば、明治期のテキストには、このような例が数多く存在することがわかる。つまり、明治期にはそのような書き方は珍しくなかった。

和語「サイワイ」に漢語「コウフク(幸福)」を書く時に使う漢字をあてることができるのは、和語「サイワイ」と漢語「コウフク」との語義の重なり合いを背景にしているからであり、表記原理としては、表意的表記をしていることになる。したがって、漢語「フダン」と漢語「ヘイゼイ」との語義に重なり合いがあれば、漢語「フダン」に漢字「平生」をあてることは、同じ表記原理であることになる。そしてまた、漢語「フダン」が出自からいえば漢語ではあっても、そうと意識されずに使われているとみえる点からすれば、この語自体が和語に近づいているということをも同時に予想させる。

異語同表記

『千代の礎』には「基礎《いしずゑ》を盤石《いはほ》の上《うへ》に置《おき》たるが故《ゆゑ》なりかし」(三頁八行目)とあり、その一方で「基礎《もとゐ》なき砂《いさご》に立《たて》るものとては沈《しづ》み果《はて》なん流《なが》れなん」(五九頁一〇行目)ともある。さらに「アリツク御身《おんみ》も基礎《どだい》をば盤石《いはほ》の上《うへ》に置《お》けるにや」(五三頁二行目)ともある。「基礎《いしずゑ》」「基礎《もとゐ》」「基礎《どだい》」を、漢字「基礎」の側からながめれば、一つの漢字(列)によって書き表わすことができる語が三つあることになる。『千代の礎』には、もっとも自然な、漢語「キソ」を書いた「基礎」の例がないが、これを入れれば、四つの語が同表記であることになる。「同語異表記」は同じ語がさまざまに書かれることの謂いであり、「異語同表記」は、異なる語が同じように書かれることの謂いである。「語対表記」の関係が前者では、「一対多」、後者では「多対一」となっており、いずれにしても「一対一」ではない。これは現代とは大きく異なるが、明治期においては、むしろ一般的なことであった。

『千代の礎』の中にも「助勢《たすけ》」↔「助勢《じよせい》」、「嬰兒《あかご》」↔「嬰兒《おさなご》」、「徒然《つくねん》と」↔「徒然《つれ々》」、「解纜《ふなで》」↔「解纜《かいらん》」、「下婢《かひ》」↔「下婢《みづしめ》」、「大概《たいがい》」↔「大概《あらまし》」、「結果《できばへ》」↔「結果《けつくわ》」、「小兒《こども》」↔「小兒《せうに》」、「曉天《あかつき》」↔「曉天《あけがた》」など、さまざまな例を見出すことができる。

和語と漢語とのつよい結びつき

先ほども少しふれたように、「同語異表記」ができるのも、「異語同表記」ができるのも、語義を媒介とした、和語と漢語とのつよい結びつきが背景にあるためだと思われる。つまり、これらのことがらは、語の書き方ということがらのみではなく、それを超えて、当該時期の語彙体系のあり方に深く関わっている語彙的事象であると考える。

そのことを具体的に見るために、明治二二年に刊行された、髙橋五郎編纂『和漢雅俗いろは辞典』を使って、和語「イシズエ」「モトイ」、漢語「キソ」「ドダイ」をひいてみる。

いしづ《ママ》ゑ(名)礎、碣、石礎、どだい、もとゐ、基礎
もとゐ　(名)基、址、墌、基礎、基址、根基、根礎、基本
きそ　(名)基礎、どだい、もとゐ、いしずゑ
どだい　(名)土臺、いしずゑ、基礎、もとゐ

和語「イシズエ」が漢語「ドダイ・キソ」と和語「モトイ」とで説明され、和語「モトイ」は漢語「キソ」で説明され、漢語「キソ」は漢語「ドダイ」、和語「モトイ・イシズエ」で説明され、漢語「ドダイ」が和語「イシズエ・モトイ」、漢語「キソ」で説明されていることが

わかる。このような語義の説き方は、現代においては、「めぐり」と称されてむしろ避けるべきこととされるが、右で観察されるのは、明治期における「和語と漢語とのつよい結びつき、紐帯」である。

『千代の礎』に「又庭園《またていゑん》の彼方《かなた》には數十歩《すぼ》の草原《くさはら》あり生茂《おひしげ》りたる叢《くさむら》には野兎《やまうさぎ》多《おほ》く住《すま》ひして殘《むご》き獵人《かりびと》の見《み》たらんには倦《あ》くことも知《し》らで渉獵《あさ》りなん」（八頁一〇行目）という行りがある。ここでは和語「ムゴキ」の一部に漢字「殘（残）」があてられている。

現在、「改定常用漢字表」では、「残」に認められている訓は「のこる」と「のこす」のみである。しかし、「残」字には〈むごい〉という字義がある。それは「ザンニン（残忍）」、「ザンコク（残酷）」という漢語を想起すればすぐにわかるのだが、そうした連想がすぐにはたらくとは限らない。現在では、「音訓」は漢字という文字に対してのもので、その漢字を使うどのような漢語があって、さらにその漢語がどのような語義をもっているかということは、語彙的事象であると、分離的に捉えられているからであろうか。しかし、右に述べてきたことでわかるように、これらにはすべて繋がりがある。繋がりがあるからこそ、その繋がり、結びつきを核として、さまざまな書き方を採ることが可能であった。

明治期にはこのようなつよい結びつきを形成していた和語と漢語とが、現代に至るまでの間に、漢語が外来語らしさを希薄にし、その結果として和語と漢語との間にあった、いわば「緊張関係」のようなものが失われていったために、逆にその「緊張関係」を軸にした結びつきを極度に弱めてしまったようにみえる。

五　和漢雅俗の世紀——漢英対照から和漢雅俗へ

本章の最後に、もう一度外来語について考えておきたい。明治期を考えた時に、現代人が思い浮かべることは、西洋諸国との接触の中で、西洋の文物が流れ込み、それに伴って西洋の言語に接触するようになったことがまずあろう。それはもちろんそうであるが、日本語の語彙体系内に、どれだけの、例えば英語が借用されたかということを考えた場合、それはむしろ、ある一定の範囲内に止まっていたと思われる。

さまざまなhandkerchief

英語「handkerchief」が明治二〇年頃から明治四〇年頃にどのように書かれていたかについてみてみることにする。これも「揺れ」の中にあったと思われる。

黒岩涙香訳『海底の重罪』(明治二二年九月初版、二四年八月第三版)に「~アレ彼《あ》の/通り棒《ぼう》の先へ手拭《はんけち》を結んで樹《たて》て置きましたから通《とほ》る船は必《かなら》ず認《みと》めます」(六八頁三行目)とある。ここでは外来語のいわば訛形である「ハンケチ」に、和語「テヌグイ」にあてられる漢字列「手拭」をあてている。「手拭《はんけち》」を語義面からみれば、handkerchief の語義を和語「テヌグイ」と結びつけているとみることもできる。『言海』は見出し項目「テヌグイ」では項目直下に漢字列「手拭」を「和ノ通用字」として掲げ、語釈末尾には「漢ノ通用字」として漢字列「手巾」「帨」とを掲げている。また見出し項目「テノゴイ」の項目直下にも「和ノ通用字」として「手拭」が掲げられている。こうした漢字列とも結びつきながら、handkerchief は様々な書き方がされていた。

a 少年《せうねん》は袖中《たもと》より手巾《ハンケチーフー》を出《い》だして面上《めんじやう》の汗《あせ》を拭《ぬぐ》ひながら座上《ざじやう》を見渡《みわた》し諸君《しよくん》の内《うち》には耳《みゝ》の悪《わる》き人《ひと》もあると見《み》えると一言《げん》し～

（末廣重恭《しげやす》『雪中梅』四六頁一〇行目、明治一九年八月二七日刊）

b そは道化師の服着たる客の創意にて、衣ものあまた束ねて人形とし、頭には紛帨《ハンカチイフ》など装滿《つめこ》み、これに髪着せて。

（森林太郎（鷗外）『かげ草』はげあたま、四五四頁一四行目、明治四四年九月訂正再版）

c 初野《はつの》はそれを丁寧《ていねい》に手巾《ハンケチ》に包《つゝ》んで、麻痺《しび》る丶脚《あし》を徐《しづか》に玄關《げんくわん》に出《で》て、～

（小杉天外『魔風恋風』中編、一四一頁二行目、明治三八年三月第八版）

d　後《あと》に法師《はふし》は毛太郎次《けたらうじ》の傷口《きずぐち》に手巾《はんけち》を宛《あて》などしつゝ〜
(黒岩涙香訳『巌窟王』第三巻、一七八頁上段四行目、明治三九年一二月第五版)

e　〜お龍《りう》は袂《たもと》より絹《きぬ》の白汗巾児《しろはんけち》の清《きよ》げなるを出《いだ》して、〜
(幸田成行《しげゆき》(露伴)『天《そら》うつ浪《なみ》』第二巻、一三七頁一行目、明治三九年六月刊)

f　私《わたくし》は尚《なほ》是れより先き百年の御壽命《ごじゆめう》を心で祈《いの》ッてをります。ト思はず濡《ぬ》らす半手巾《はんかちーふ》〜
(『獨逸/賢孃オチリヤ艸紙《そうし》』五一頁一行目、明治二四年九月刊)

g　〜半巾《はんけち》を片手《かたて》に握《にぎ》つて、額《ひたひ》とも云《い》はず、顔《かほ》とも云《い》はず、頸窩《ぼんのくぼ》の盡《つ》くるあたり迄《まで》、苦《く》茶《ちや》々《＼》々に掻《か》き廻《まは》した。
(『虞美人草』三頁二行目、明治四一年一月初版)

例aから例gまで、明治期にはさまざまな書き方がみられることがわかる。例fはhandkerchiefに漢語「シュキン」にあてられる漢字列「手巾」をあてた後に「ハンカチーフ」という語形＝音声形を表わしていることを明示するために「半＝ハン」を添えたものであろう。「手巾」は前述したように、和語「テヌグイ」にもあてられる漢字列であり、handkerchiefの物理的な大きさが「テヌグイ」の半分ということはなかろうが、それでもそうしたこともいくらか含んだ漢字選択であったことは考えられなくもない。そうであったとすれば、添えられた「半」は語形明示、語義理解の両面において、補助的機能を果たしていることになり、考えられた、工夫のある用字であることになる。

例gは夏目漱石『虞美人草《ぐびじんそう》』の原稿、初出紙(『東京朝日新聞』、『大阪朝日新聞』ともに)、単行本初版にみられる。単行本『虞美人草』は第六版から新組みされて出版されているが、その第六版では「手巾《はんけち》」となっている。「半巾」はやはりhandkerchiefの「ハン」を明示したかたちと思われ、例f「半手巾」をさらに圧縮してうみだされたか、あるいは直接「半巾」のかたちがうみだされたのかについてはわからないが、これも工夫のある用字といえよう。

「外来語をどのように書くか」という問いの中に、「外来語に漢字をあてる場合にどのようにあてるか」という問いがあることになる。いずれにしても、「揺れ」やすいことが予想され、右には「handkerchief」を例にして、その一端を示した。

『漢英対照　いろは辞典』

先に参照した髙橋五郎編纂『和漢雅俗　いろは辞典』(明治二二年刊)は、前年の明治二一年に刊行された『漢英対照　いろは辞典』という辞書をいわば改訂してできたものである。図20として『漢英対照　いろは辞典』を、図21として『和漢雅俗　いろは辞典』を左に掲げる。

「漢英対照」ということについて、同辞書は何も記していないが、見出し項目に対応する英語が置かれていることがわかる。そして『和漢雅俗　いろは辞典』では、その英語が除かれてい

き　きそ　(九七八)　きつた

きそ　起訴、うつたへをおこす
きそ(形)　稀疎、まばら、ばらばら、あらき
きそ(名)　暉素、つきのひかり
きそはじめ(名)　着衣初、きぞめ、きものきはじめ
きそう[する](他)　饋送、おくる、餽贈、つかひものにやる
きそく(名)　規則、きまり、さだめ、とりきめ、のり、おきて
きそく[する](他)　羈束、しばる、ゆはへる
きそく[する](他)　窺測、みつもる、はかる
きぞく　貴族、たふときいへがらびと、うまびと
きそふ(自)　競進、競爭、はりあふ、きほふ、まけじとあらそふ
きぞめ(名形)　生染、きいとぞめ
きそひうま(名)　競馬(けいば)、うまかけ
きそひぶね(名)　競漕、鬪船、ふねかけ
きそん(名)　曾孫、またまご
きそん[する](他)　毀損、そこなふ、かく
きづ(名)　木兎、みみづく、角鴟、鵂鶹(動物)
きつい[俗](形)　強、つよき、烈、はげしき
きつぱり(形)　鮮明、あざやか、斷然、はつきり
きつぱう　吉報、よきしらせ、吉信、好消息、吉左右、吉相
きつぱく[する](自)　佶迫、ひどくせまる
きつぱん[する]　喫飯、めしをくふ
きつと[俗](副)　佶、しやんと、嚴然、しつかり、おごそかに
きつと[俗](副)　屹度、急度、たしかに、かならず、必定、必然、確的、是非
きつちり[俗](副)　佶然、きつかり
ぎつちやう(名)　球杖(木槌の如くに作りて球を打つ具にて和漢とも共行はるること久し)又れもちやのたぐひ
ぎつちやう(名)　毬打、たまうち
きつりつ[する](自)　屹立、そびえたつ
きつりし(名)　吉利子、まつばらん、ちくらん(植物)
きつか(名)　乞暇、いとまごひ
きつかい(名)　乞丐、かたゐ、こじき
きつかは　吉川、吉香(氏)
きづかれ(名)　氣疲、こころづかれ
きつかう[する](自)　拮抗、たてがふ、さからふ
きつかう(名)　桔槹、はねつるべ
きつかう(名)　桔梗、ききやう(植物)
きつかうてん(名)　乞巧奠、たなばたまつり(舊七月七日の星祭)
きつかふ(名)　龜甲、かめのかふ
きつかふはぐさ(名)　鬼督郵、きじはぐさ(植物)
きづかひ(名)　氣遣、しんぱい、こころづかひ
きづよき(形)　氣強、こころづよき、たけき
きづた(名)　長春藤、千歳藥、常春藤(植物)
きつたい(名)　纐帯、ゆはたたび
きつたい　乞體、からだをこふ、いんきよねがひする、乞骸骨
きつたてたる(形)　切立、屹立、きりたてたる、けはしき(崖の)

(球杖の圖)

図21『和漢雅俗 いろは辞典』

05)　きつと

き

きそ　木曾(氏また信州の地名)　Kiso (a proper name).
きそ(名)　基礎、どだい、もとゐ、いしずゑ　Foundation, basis.
きそ　起訴、うつたへをおこす　To bring up a law-suit. See Uttaeru.
きそ(形)　稀疎、まばら、ばらばら、あらき　Scattered, sparse.
きそ(名)　暉素、つきのひかり　Moon-light.
きそはじめ(名)　着衣初、きぞめ、きもののきはじめ　First wearing of a garment.
きそう[する](他)　饋送、おくる、餽贈、つかひものにやる　To send.
きそく(名)　規則、きまり、さだめ、とりきめ、のり、おきて　Rules, regulations.
きそく[する](他)　羈束、しばる、ゆはへる　To constrain, to restrain, to control.
きそく[する](他)　窺測、みつもる、はかる　To calculate; to conjecture.
きぞく　貴族、たふときいへがらびと、うまびと　Nobility, peer; noble family.
きそふ(自)　競進、競爭、はりあふ、きほふ、まけじとあらそふ　To compete, to vie, to strive together.
きぞめ(名形)　生染、きいとぞめ　Being dyed raw.
きそひうま(名)　競馬(けいば)、うまかけ　A horse-racing, horse-race.
きそひぶね(名)　競漕、鬪船、ふねかけ　A boat-race, regatta.
きそん(名)　曾孫、またまご　A great grand-child.
きそん[する](他)　毀損、そこなふ、かく　To damage, to injure; to lessen.
きづ(名)　木兎、みみづく、角鴟、鵂鶹(動物)　A horned owl.
きつい[俗](形)　強、つよき；烈、はげしき　Strong; severe.
きつぱり(形)　鮮明、あざやか；斷然、はつきり　Clear, bright; positively.
きつぱう　吉報、よきしらせ、吉信、好消息、吉左右、吉相　A good report.
きつぱく[する](自)　佶迫、ひどくせまる　To press on, to urge.
きつぱん[する]　喫飯、めしをくふ。To eat, to take food.
きつと[俗](副)　佶、しやんと、嚴然、しつかり、おごそかに　Sternly.

図20『漢英対照 いろは辞典』

る。『和漢雅俗 いろは辞典』においては、『漢英対照 いろは辞典』の英語を除く以外にも、細かな改訂は行なわれているが、やはり目につくのは英語が除かれたことである。

一方、現代日本語には多くの外来語が含まれている。例えば『岩波国語辞典』第七版新版では、「エリマキ(襟巻)」を「首のまわりに巻いて、主に寒さを防ぐもの。くびまき。マフラー」と説き、「エンタク(円卓)」を「まるいテーブル」、「ガカ(画架)」を「画をかくときにカンパスを立てかける三脚。イーゼル」、「ガクイン（楽員）」を「楽団のメンバー」と説く。語釈は見出し項目となっている語を説くためのものであるのだから、わかりやすい語であることが求められるはずであるが、そこに「マフラー」「テーブル」「カンバス」「イーゼル」「メンバー」といった外来語が用いられている。「エンタク」の場合は、漢語を外来語を使って説明していることになり、現代においては、外来語が日本語の語彙体系内にある程度定着していることがわかる。こうした状況と比べた場合、やはり明治期には外来語は、流入はしていたとしても、まだ定着するには至っていなかったことが推定される。

髙橋五郎が日本語の語彙体系内に外来語がさほど定着しないことをいち早く感じ取り、見出し項目に英語を対置させた「漢英対照」という形式を離れ、「和漢雅俗」へと転換していった、その機敏さには注目しておきたい。「雅俗」とはいうまでもなく「雅語」と「俗語」ということであるが、それは相対的なものともいえよう。「これまでの書きことば」に「新しい書きことば」を対置させれば、前者が「雅」で、後者が「俗」とみることはできようし、「書きことば」と「話しことば」とを対置させれば、前者が「雅」で、後者が「俗」ということにもなる。明治期とは、「和語・漢語・雅語・俗語」が書きことば内に一挙に持ち込まれ、渾然一体となった日本語の語彙体系が形成された「和漢雅俗の世紀」であった。

第三章　新しい標準へ
——活字印刷のひろがりと拡大する文字社会

明治20年8月に刊行された，所謂ボール表紙本の『斷腸花』の表紙.

一　『朝日新聞』に掲載された夏目漱石の『それから』

手書きと活字印刷と

文字化の手段として、手で書く「手書き」と「印刷」とを考えた場合、両者はその「読み手」が著しく異なっている。ある「情報＝テキスト」を「印刷」することの目的は、同じものを大量に生みだすことであることはいうまでもない。それ故、一般的なテキストに先立って、いち早く「印刷」という手段が用いられたのは宗教的なテキストであった。

現存する世界最古の印刷物とされているのは、所謂百万塔の中に収められている「無垢浄光《むくじょうこう》大陀羅尼経《だいだらにきょう》」四種である。また、平安時代、寛治《かんじ》二（一〇八八）年の刊記をもつ『成唯識論《じょうゆいしきろん》』が奈良興福寺によって印刷、出版されている。興福寺によって印刷されたものは春日版《かすがばん》と呼ばれている。鎌倉期には、高野山金剛峯寺《こうやさんこんごうぶじ》によって印刷された高野版《こうやばん》が刊行されている。文字化の手段として「印刷」が多くなるのは、室町期を過ぎてからであり、江戸期には整版による印刷が定着した。

明治期においては、江戸期以来の整版に加えて、石版刷り、銅版刷りなども行なわれ、それらが次第に活字印刷へと移行していった。整版は「手書きを再現するような印刷」であり、どのような版面もつくりだすことができる。そうした意味合いにおいては、整版で印刷されたテキストは、「手書きのロジック」の下にあるといってよい。

一方、本書第一章において「御」字の行書体活字をめぐって考えたように、明治初期の印刷物においては、場面によって「活字による手書きの再現」が意識されることもあったと思われるが、最終的には「手書きのロジック」から離れ、「活字印刷のロジック」を獲得していったといえよう。

「手書き」されたテキストをつねに「書き手」自身のみが読んでいたわけではもちろんないが、「手書き」においては、「読み手」は相当に限定され、かつ多くの場合は特定されていたと思われる。それに対して、活字印刷されたテキストの「読み手」は「不特定多数」であることが多い。新聞や雑誌の「読み手」はその代表的なものであろう。「不特定多数」の「読み手」に向けて発信される「情報」は「不特定多数」が理解できるようになっていなくてはならない。明治期は「不特定多数への情報発信」が意識され始めた時期である。それは言い換えれば「拡大する文字社会への情報発信」であり、それにふさわしい日本語が模索され始めたということでもある。

「書きことば」というと、言語そのもののありかたのみを想起しやすいが、そうしたことの他にも、文字化にあたって、どのような字形／字体の文字を使うか、その文字をどのように配置するか、どのような符号・記号を使うかなど、さまざまな要素を視野に入れる必要がある。

わたしたちはいわば現代における「不特定多数の読者」ということになるが、わたしたちは草書体の活字はおそらく読めないであろうし、すべての漢字が康熙字典体で印刷されていれば、それも読み難い。通常眼にする漢字平仮名交じりの、平仮名を片仮名に変えただけでも、かなり読みにくくなる。「不特定多数の読者」に読みやすくするためには、さまざまなことがらの「標準化」が必要になってくる。

先に述べたように夏目漱石は、自身の書いた『それから』が活字印刷されて新聞紙面に掲載されることを充分に意識していたと思われる。したがって、漱石は通常よりはずいぶんと「活字印刷」寄りの書き方をしていたと思われるが、それでもなお、「活字印刷」されて新聞に載せられる際には、多くの変更が加えられていたことが、漱石の書いた原稿と新聞に掲載されたものとを対照してみるとわかる。ここでは、両者の対照を行ない、そこから「手書き」と「活字印刷」との異なりを具体的に探っていくことにしたい。

以下では具体的に、明治四二（一九〇九）年に『朝日新聞』に掲載された、夏目漱石の『それから』と漱石の手書きの原稿とを対照していく。例示に際しては『漱石全集』第六巻（一九九四年、岩波書店刊）を使用する。

標準語形への変換「ヤッパリ」・「ヨッポド」

1　「矢っ張り今迄の経験もあるんだから、同じ職業が可《い》いかも知れないね」（二九頁八行目）

2　平岡の事が気に掛るのではない、矢っ張り三千代《みちよ》の事が気にかかるのである。（一〇九頁一〇行目）

3　代助は袂《たもと》から手帛《ハンケチ》を出《だ》して額《ひたひ》を拭いてゐたが、矢っ張り、「締《し》めて置いてくれ」と命令した。（一七五頁八行目）

4　代助は矢っ張り横着な態度を維持してゐた。（一八一頁四行目）

右は『それから』の手書きの原稿からの抜粋である。例1・2の「矢っ張り」は『朝日新聞』では、「矢張り」、例3・4の「矢っ張り」は『朝日新聞』では「矢張」となっている。「矢っ張り」は「ヤッパリ」という語形を書いたものと思われ、一方、「矢張り・矢張」は「ヤハリ」という語形を書いたものと思われる。そうであれば、漱石が作品で使った「ヤッパリ」という語形は新聞掲載にあたっては「ヤハリ」という語形に換えられたことになる。「「貴方《あなた》も余っ程道楽ものね」と梅子が評した」（一九〇頁四行目）の「余っ程」が『朝日新聞』では「余程」と換えられていることも同様の現象にみえる。

『言海』で「ヤッパリ」にあたってみると、「やつぱり(副)やはりノ音便訛」とあり、「ヨッポド」にあたってみると、「よつぽど(副)餘程《ヨホド》ノ音便」とある。『言海』においては、「ヤッパリ」・「ヨッポド」を「ヤハリ」・「ヨホド」という標準的な語形の変異形とみていることがわかる。現代刊行されている国語辞書では、「ヤッパリ」、「ヨッポド」を見出し項目として立項しているものもあるし、参照見出し項目として立項しているものもある。『言海』が編纂された頃には、「ヤハリ」と「ヤッパリ」、「ヨホド」と「ヨッポド」とは、後者が前者の変化したものと明確に意識されていたが、時間の推移とともに、そうした語の「繋がり」の意識が希薄になり、それぞれが別々の語と意識されるようになっていっていることがわかる。「標準的な語形の変異形」を「非標準語形」と呼ぶことにすれば、ここでは、漱石が使用していた「非標準語形」が新聞という媒体を経由する間に「標準語形」に換えられて「読み手」に「わたされていた」ことになる。

消された語形「ツブヤグ」・「カグ」

『それから』四の三には「電車へ乗つて飛んで行く平岡の姿《すがた》を見送つた代助は、口《くち》の内《うち》でつぶやいだ」(六〇頁四行目)という行りがある。原稿にははっきりと濁点が施されており、「つぶやいだ」と書かれているが、この箇所が『朝日新聞』には、「つぶやいた」とあり、これは明治四三年一月一日に春陽堂から刊行された単行本『それから』(七二頁三行目)にも受け継がれている。また、一四の五には「歩《ある》きながら、自分《じぶん》は今日《けふ》、自《みづか》ら進んで、自分の運命の半分《はんぶん》を破壊したのも同じ事だと、心のうちに囁《つぶや》いだ」(二六五頁七行目)とある。この「心のうちに囁《つぶや》いだ」は『朝日新聞』でも同じであるが、単行本『それから』には「心のうちに囁《つぶや》いた」(三三二頁一二行目)とある。つまり、漱石が『それから』の中で二回使った「ツブヤグ」という語形は、『朝日新聞』によって、一回は「ツブヤク」に換えられ、一回はそのまま受け継がれたが、その受け継がれた「ツブヤグ」も単行本出版の時点で退けられて「ツブヤク」という語形に換えられたことになる。

『それから』に先立つ明治三八(一九〇五)年に本郷書院から刊行された、上田敏『海潮音』は象徴詩の翻訳として高く評価されているが、そこに収められた、ルコント・ド・リール(Leconte de Lisle)の「Midi」を原詩とする、「真昼」と題した詩に次のような行り(一一頁)がある。

また、邂逅《わくらば》に吐息《といき》なす心《こゝろ》の熱《ねつ》の穂《ほ》に出《い》でゝ、
囁声《つぶやぎごゑ》のそこはかと、鬚長頬《ひげながかひ》の胸《むね》のうへ、

覺《さ》めたる波《なみ》の振動《ゆさぶり》や、うねりも貴《あて》におほどかに
起《お》きてまた伏《ふ》す行末《ゆくすゑ》は沙《すな》たち迷《まよ》ふ雲《くも》のはて。

「囁声」の振仮名には「つぶやぎごゑ」とある。『海潮音』に収められたこの詩は、上田敏没後に刊行された『上田敏詩集』(大正一二年一月一〇日、玄文社刊)にも収められているが、そこには「囁聲《つぶやきごゑ》」(二三頁)とある。ここでも「ツブヤギ」という語形が退けられていることがわかる。「ツブヤグ」は、『言海』はいうまでもなく、『日本国語大辞典』第二版にも収められていない語形である。

『漱石全集』第六巻は、二六五頁七行目の「囁《つぶや》いだ」について、「「囁」は「ささやく」意。普通「呟」と書く」と「注解」(六三六頁)を施すが、「ツブヤグ」という語形についてはふれていない。漱石も、上田敏も「ツブヤグ」に「囁」という漢字をあてており、さらにいえば、『言海』も見出し項目「ツブヤク」の語釈末に「漢ノ通用字」として「囁」を示していることを考え併せれば、明治期においては、「ツブヤク／ツブヤグ」に「囁」字をあてることは奇とするにはあたらないと思われる。

もう一つ同様の例を見てみよう。八の五の末尾近くには「来《き》た時は、運動しても駄目だから遊んでゐると云ふし、今は新聞に口《くち》があるから出様と云ふし、少し要領を欠《か》いでゐるが、追窮

するのも面倒だと思つて」(一三八頁九行目)という行りがある。ここに「欠《か》いでゐる」とあるが、『朝日新聞』にも、単行本(一七〇頁一三行目)にも「缺《か》いてゐる」とある。ここでは「カグ」という語形が退けられて「カク」という標準的な語形に換えられていることがわかる。「カグ」は明治期の文献においては「我儕《われら》若《も》し之《これ》を拯《すく》はざれば甚《はな》はだ人情《にんじやう》を欠《か》ぐに似《に》たり」(明治一九年刊『阿非利加《アフリカ》内地三十五日間空中旅行』巻之四、二七頁五行目)、「殊更《ことさ》らに我儘《わがまゝ》のみなる居動《ふるまひ》なれば最《い》と敬禮《いや》を缺《か》ぐこととなるべけれども」(明治二〇年刊『文明世界宇宙之舵蔓』一〇五頁一〇行目)など少なからず使用されている。

「ピヤノ」と「ピアノ」と

次に外来語の例を見てみよう。ここには少し面白い「揺れ」がみられる。『それから』一二の六に「音楽は、始《はじ》めは琴《こと》を習つたが、後にはピヤノに易《か》えた」(二一七頁一五行目)という行りがある。原稿の「ピヤノ」は、『朝日新聞』では「ピアノ」に換えられている。ところが単行本(二七三頁四行目)では原稿と同じように「ピヤノ」となっている。

一方、七の三の「兄《あに》の家《いへ》の門を這入ると、客間《きやくま》でピアノの音《おと》がした」(一一四頁七行目)の箇所では原稿に「ピアノ」とある。それに続く箇所「嫂《あによめ》がピヤノの前に腰を掛けて両手を動《うご》かして居た」(一一四頁一二行目)、「代助はピヤノの傍《そば》迄来《き》た」(一一五頁三行目)の箇所では、原稿にノ」となっている。したがって、『朝日新聞』は一箇所だけ原稿の「ピヤノ」を「ピアノ」に換え、別の二箇所の「ピヤノ」はそのままにしたということになり、ここでは漱石の原稿も『朝日新聞』も、「ピアノ・ピヤノ」両語形の混在にさほど気をとめていないようにみえる。ところが、単行本では、二回使われた「ピヤノ」いずれもを「ピアノ」に換えている。先にふれたように、単行本二七三頁四行目には「ピヤノ」という語形もみられるので、単行本もテキストとして一貫しているとはいえない。

森鷗外『一幕物』(明治四二年六月一〇日、易風社《えきふう》刊)に収められた「出発前半時間《しゅっぱつぜんはんじかん》」において、「女は鼠色の衣裳を着けたるピヤノの女教師なり。役者は女の領を摑み引ずるやうにしてピヤノの前を横切り、中の戸口に連行き、女を戸の外に出し、戸を閉して再び作曲家に向ふ」(一九八頁)の箇所では、「ピヤノ」とあるが、作品冒頭では「左にピアノ一台」(一七三頁)というように、「ピアノ」とあって、鷗外も両語形を併用していることがわかる。

したがって、これらのことがらを遠くからみれば、すなわち「鳥瞰」すれば、明治期においては、「ピアノ・ピヤノ」両語形が併用されていた、ということになる。そして、これらのことがらを接近してみれば、すなわち「虫瞰」すれば、両語形併用の状況から「ピアノ」を専用するかたちへと移行が始まっているようにみえる。

「難有い」から「有難い」へ

本節の最後に、『それから』よりもう一つ興味深い例を見ておきたい。

5　しかも胆力以上に難有がつて然るべき能力が沢山ある様に考へられる。（三五頁一四行目）

6　其節は難有う。（一三七頁八行目）

7　「えゝ、まあ難有いわ」と三千代は低い声で真面目《まじめ》に云つた。（一七一頁七行目）

8　代助はたゞ難有うと答へた丈であつた。（二二三頁一行目）

右の「難有がつて」が「アリガタガッテ」、「難有う」が「アリガトウ」、「難有い」が「アリガタイ」を意図したものであることはいうまでもない。「アリガトウ」を「アリ」と「ガトウ」とに分解し、前者に漢字「有」、後者に漢字「難」をあてることにした場合、「難有」は日本語「アリガトウ」の語構成の順とは異なる順に漢字が並んでいることになる。これを、仮に「漢文式表記」と呼ぶことにする。

こうした「漢文式表記」についても、『朝日新聞』においては、例5は「有難がつて」、例

る。6・8は「有難う」、例7は「有難い」となっており、「漢文式表記」を避けていることがわか

「手書き」であっても、「印刷」であっても、明治期の文献においては、「漢文式表記」はごく当たり前に使われている。しかし、そうした形式の書き方も、次第に退けられていく、そういう「動き」を『朝日新聞』の書き方は予感させる。新聞という、きわめて「公」性のたかい印刷物において、新しい「標準」への「動き」が徐々に始まっていた。

二　新聞紙面の日本語

「漢字平仮名交じり」と「漢字片仮名交じり」との併存

新聞紙上にはさまざまな内容の記事が載っている。新聞の規模の大小によって、想定される読者層に違いはあったであろうが、どれも「公」性の高い印刷物であることには変わりがない。本節では新聞で実際に用いられた「書き方」を具体的に見ていくことにする。

まずは政治論に重きをおき、おもに知識階級を読者として想定していた「大新聞《おおしんぶん》」であった『郵便報知新聞』の第八七〇号(明治八年一二月二九日)を見てみよう。「社説」欄を図22として、「告知」欄を図23として掲げる。すぐに眼に付くのは、前者が漢字と片仮名とで、後者が漢字

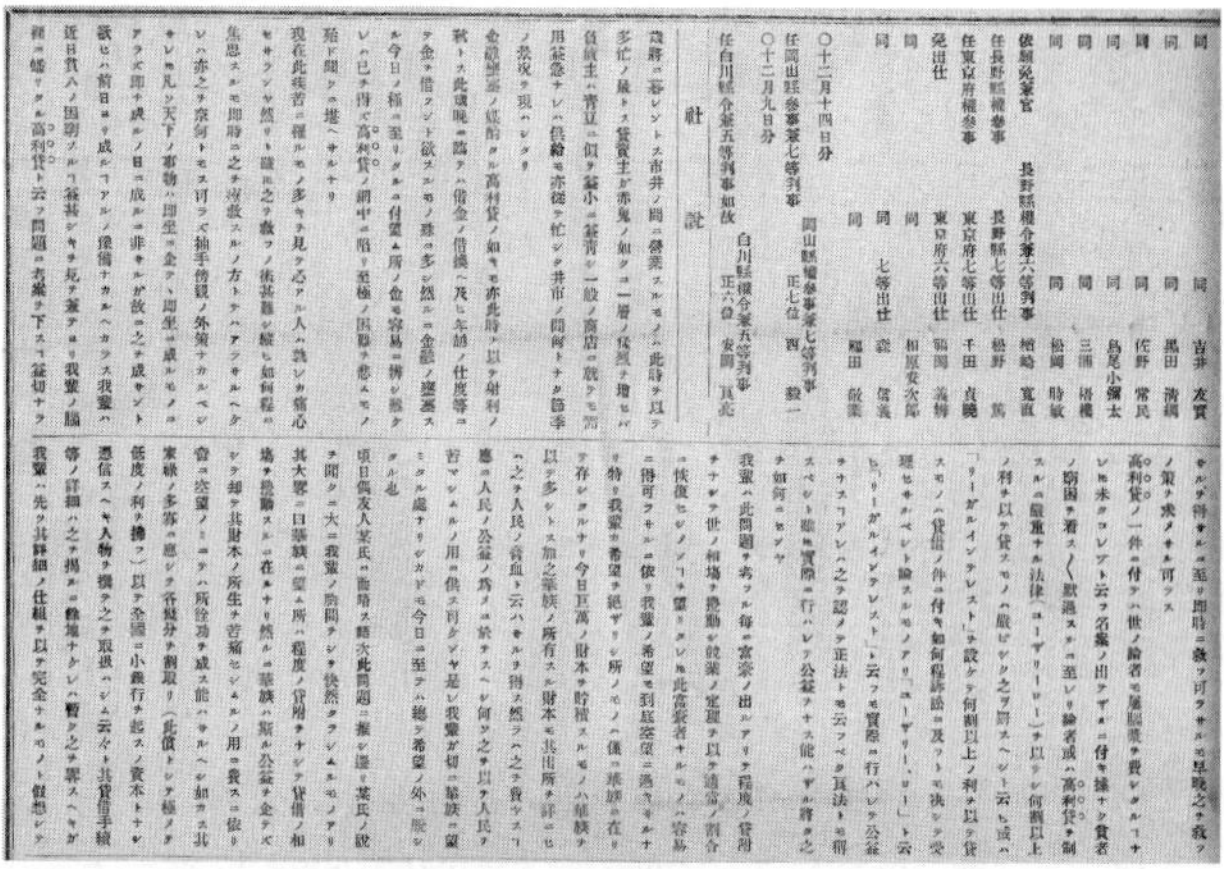

図 22 『郵便報知新聞』第 870 号「社説」欄

図 23 『郵便報知新聞』第 870 号「告知」欄(上段末尾および下段)

と平仮名とで書かれていることである。

この第八七〇号は「公布」「公聞」「社説」「府下雑報」「西京新報」「論説」「投書」「駅逓寮公告」「郵便船出発広告」「物品時価」「告知」と欄が分かれており、これらの中で、「社説」「論説」欄のみが「漢字片仮名交じり」で書かれている。ここでは、新聞紙面全体で、漢字とともに使う仮名として平仮名を選ぶか片仮名を選ぶかという選択がなされているのではなく、欄、いわば「内容」によって、平仮名か片仮名かが選ばれているようにみえ興味深い。すなわち、「内容が選ぶ表記体」があるということになる。

現代日本においては、一般的な文書で「漢字片仮名交じり」が使われることはほとんどなく、また一つの文書や印刷物内で、片仮名と平仮名とが併用されていることはほぼない。一つの新聞紙面に「漢字片仮名交じり」で書かれた欄と「漢字平仮名交じり」で書かれた欄とが混在していることは、現代では「自然ではない」が、先にみたように、明治八年にはそのようなものが確実にあった。つまり「現代では自然にみえないことがらが過去においては自然である」ことはあるのであって、現代を絶対的な基準として過去を捉えることはできない。

よくみると、図23の「告知」欄下段に「長崎師範学校」の「試験法」が告知されているが、「作文」に関して「平仮名交り」と「片仮名交り」と記されていることが目を牽く。同じ「文章」を平仮名で書いたり片仮名で書いたりといったような「書き換え」の試験であるはずはなく、結局は作文の試験問題は二つあり、そこで書く「内容」の違いをこのように表現していることが予想される。

もう一つ注目すべきことは、平仮名交じり文における、片仮名の使われ方である。「漢字片仮名交じり」で書かれている「社説」「論説」中には平仮名は使用されていない。一方、「漢字平仮名交じり」で書かれている欄の中で片仮名が使用されることはある。例えば「府下雑報」中では、「カチ々々の拍子木て」、「ソコガ天下の糸平だけあつて不残証文へ棒をひゐて仕舞ひ」、「独逸國商シキウツライス會社が原告で糸平が被告されたる」、「ハテ何かよい種《たね》の拾《ひろ》ひものはないかと」、「イヤ報知社の先生素《す》敵《てき》滅《めつ》法界《ほうかい》の」、「ツイ此間」、「ムキミ々々と呼びなから」、「バカもハマグリもありッたけ買ひますから」、「モウ少しだといひつゝ」、「カキのよふな眼玉をむき出して」のように、片仮名が使われている。(なお、引用に際して、便宜的に右側に振仮名を施したが、「府下雑報」欄では左振仮名のみが使われている。)

「カチカチ」のような擬声語、「ソコ」のような代名詞、「ハテ・イヤ」のような感動詞、「モウ」のような副詞、「バカ(ガイ)・ハマグリ・カキ」のような動物名、「シキウツライス」のような外来語に片仮名があてられており、現代日本語表記に通じるような片仮名の使い方がすでにみられることがわかる。

振仮名の使用

次に新聞における振仮名の使われ方を見てみよう。先にふれたように、この第八七〇号では、「府下雑報」「西京新報」のみに左振仮名が施されている。先に掲げた以外の例を幾つか示してみる。(ここでは左振仮名を右振仮名として引用した。)

1 三崎町三丁目陸軍練兵場で敵打《かたきうち》が有つたといふ騒き故直くに探訪者が駈付《かけ》て聞ますと敵打ちではなく喧嘩咄《けんかばなし》で有り升した

2 製作の模様《もよう》は佛蘭《ふらんす》の議事堂にかたどりてあるそふです

3 日本橋の何某より松林伯圓の演史《こうしやく》を贔屓《ひいき》の人に勸《すゝ》められ

4 堺町の火災《くわじ》に類焼した者へ金を遣つた人がまだ有ました

5 此製造は工學寮にて擔当《ひきうけ》との事にて一万圓餘の入費と申風聞で御坐ります

6 流石は天下の糸平だけ義俠《きをひ》な事です

「カタキウチ」という語を訓を媒介にして「敵打」と書き、「モヨウ」という語を漢字音に基づいて「模様」と書くことはごく自然なことといえよう。一方、「コウシャク」を「演史」、「カジ」を「火災」と書くこと、和語「ヒキウケ」を「担当」、「キオイ」を「義俠」と書くことは、前者ほど「自然なこと」とはいえず、不特定多数の「読み手」が存在することがわかっている新聞において、なおこのような書き方がなされていることには注目しておきたい。

今「このような」と表現したのは、現代人の眼には、このような書き方が幾分なりとも「工夫をした／凝った」書き方に見えてしまうのではないかという含みであるが、現代人の眼にそう映ったとしても、明治期においては、新聞で使われるような、すなわち、さほど「工夫をした／凝った」書き方ではなく、当該時期においてはむしろ自然な書き方であったと予想できる。

繰り返しになるが、新聞のように「公」性のたかい印刷物においては、不特定多数の読み手が理解できる「書き方」＝「自然な、一般的な書き方」が模索されているといってよい。これは逆側からみれば、当時の新聞などの「公」性のたかい印刷物を観察することによって、当該時期の「自然な、一般的な書き方」が推測できるということでもある。

濁点の使用

現代との異なりということでいえば、濁点の使用がある。現代においては、手書きであっても、印刷であっても、濁点を使って濁音音節を示すことは当然のことであるが、日本語の表記の歴史においては、濁音音節に濁点を施すという書き方は江戸期ぐらいからようやく採られるようになったといえよう。それまでは濁点が原則的には使用されなかった。江戸期においても、濁音音節すべてに濁点を施していたわけではなく、いわば「濁音音節の一部分に濁点を施す」という程度であった。図22・23として掲げた明治八年の新聞紙面は同様の状態にある。

拙書『書かれたことば』(二〇一〇年、清文堂出版刊、八六～九三頁)においても述べたが、「太政官布達」などの公的な文書において、濁点が一切使用されていないことからすれば、明治期においてなお、濁点の使用は必須のものではなかった、さらにいえば濁点を使わないのがむしろ正式であった可能性がたかい。新聞においても、「公布」欄には濁点が使用されていない。となれば、濁点を使わない状態を基調として、必要に応じて濁点を使う、という状況であったと見ておかなければならない。

図22の「漢字片仮名交じり」で書かれている「社説」欄の冒頭には「歳将ニ暮レントス市井ノ間ニ営業スルモノハ此時ヲ以テ多忙ノ最トス貸資主ガ赤鬼ノ如クニ一層ノ猛烈ヲ増セバ負債主ハ青豆ニ似テ益小ニ益青シ一般ノ商店ニ就テモ需用益急ナレハ供給モ亦従テ忙シク井市ノ間何トナク節季ノ景況ヲ現ハシタリ」とある。「益急ナレハ」は「ナレバ」だが「ハ」には濁点が施されていない。

漢文式表記

次に「小新聞《こしんぶん》」の例として『東京絵入新聞』の第九五七号(明治一一年八月二一日)を図24とし

て掲げる。図でわかるように、「漢字平仮名交じり」で書かれ、数字と「日」などを除くすべての漢字に振仮名が施されている。先に「大新聞」として『郵便報知新聞』を採り上げたが、「大新聞」は知識階級を読者として想定し、主に政局に関わる議論を掲載していた。それに対して、「小新聞」は、俗談平話の記事をむねとし、振仮名を施し、判形も小さく、価格も廉価であった。東京都下では『読売新聞』『東京絵入新聞』『かなよみ新聞』の三紙が「小新聞」として知られていた。坪内逍遥・水谷不倒『列伝体小説史』(明治三〇年五月、春陽堂刊)は、『東京絵入新聞』の文章に関して「華麗《はで》にして愛嬌《あいきよう》あり」(三五七頁)と記している。

図24はその『東京絵入新聞』の「雑報　はなし」と題された欄である。通常はこの欄の前に「公聞　おふれ」欄が置かれているが、当該号にはたまたまそれがなかったと思われる。

この中でまず眼に付くのは、「有之《これある》」、「可取計《とりはからふべく》」、「可相心得事《あひこゝろうべきこと》」など、先に「漢文式表記」と呼んだ書き方が自然に組み込まれていることである。他の号の「公聞　おふれ」欄においては、「不相成《あひならず》」・「不苦候《くるしからずそろ》」・「整頓候様可致旨《せいとんさふらふやういたすべきむね》」・「可受旨《うくべきむね》」(第九四三号)、「無之様《これなきやう》」(第九四七号)、「被仰出候《おほせいだされそろ》」(第九四九号)、「何人《なにびと》に不拘《かゝはらず》」(第九五〇号)、「割印《わりいん》に不及候事《およばずそろこと》」(第九五四号)、「兼而《かねて》」(第九五五号)など、さまざまなかたちで「漢文式表記」が自然に使われていることがわかる。

図25は第九六七号の「広告　ひろめ」欄に掲載されている「寶丹《ほうたん》本舗」の広告である。「弊

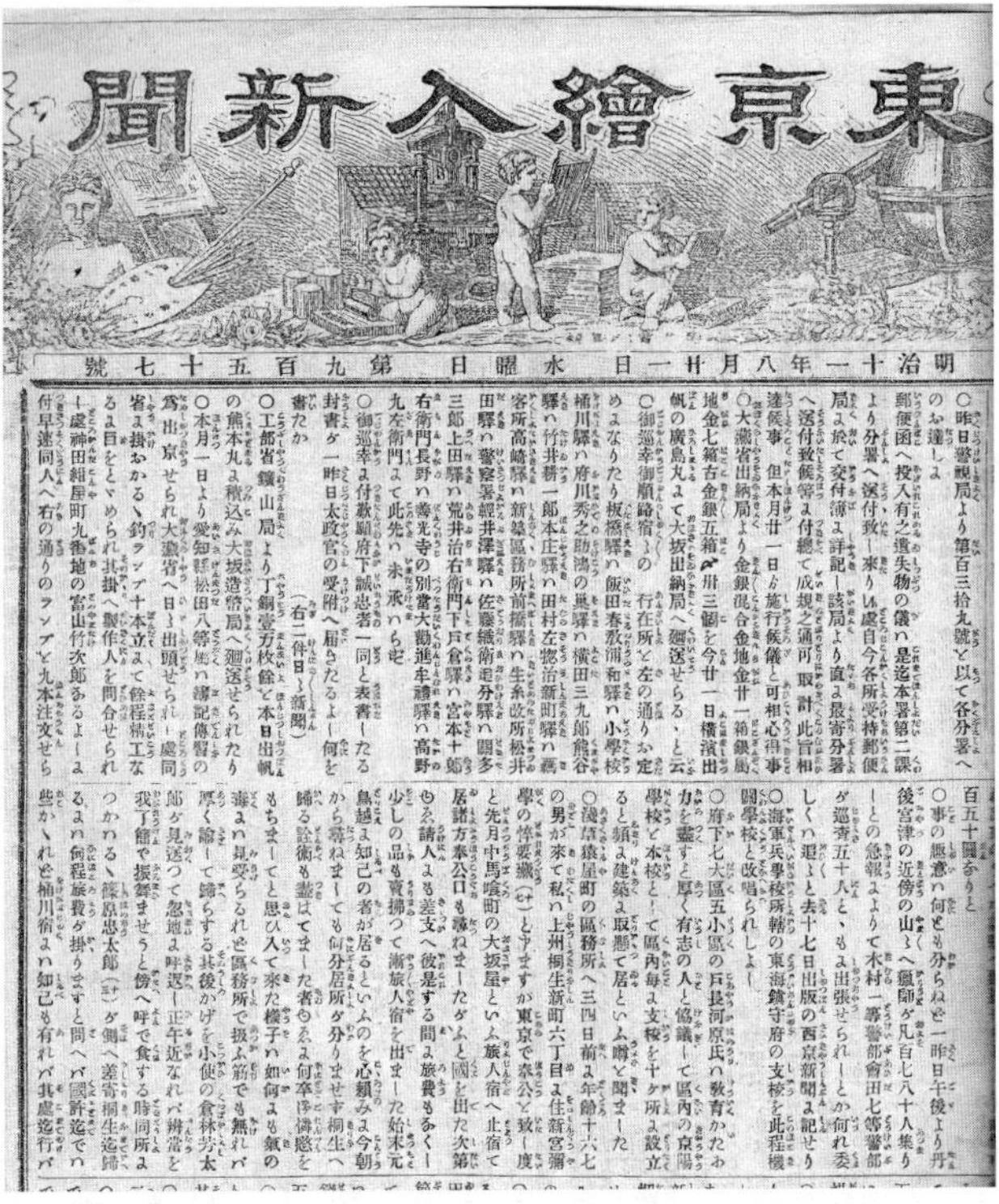

東京繪入新聞

明治十一年八月廿一日水曜日　第九百五十七號

○昨日警視局より第百三拾九號を以て各分署へのお達しに
郵便函へ投入有之遺失物の儀ハ是迄本署第二課より分署へ送付致し来り候處自今各所受持郵便局に於て交付簿に詳記し該局より直に最寄分署へ送付致候等に付總て成規之通可取計此旨相達候事　但本月廿一日より施行候儀と可相心得事
○大藏省出納局より金銀混合金地金廿一箱銀屬地金七箱古金銀五箱〆卅三個を今廿一日横濱出帆の廣島丸にて大坂出納局へ廻送せらるゝと云
○御巡幸御順路宿々の行在所と左の通りに定めになりたり板橋驛ハ飯田春教浦和驛ハ小學校桶川驛ハ府川秀之助鴻の巣驛ハ横田三九郎熊谷驛ハ竹井耕一郎本庄驛ハ田村左惣治新町驛ハ覊客所高崎驛ハ新築區務所前橋驛ハ生糸改所松井田驛ハ警察署輕井澤驛ハ佐藤織衛追分驛ハ關多三郎上田驛ハ荒井治右衛門下戸倉驛ハ宮本十郎右衛門長野ハ善光寺の別當大勸進牟禮驛ハ高野九左衛門にて此先ハ未承らぬ
○御巡幸に付歎願府下誠忠者一同と表書したる封書が一昨日太政官の受附へ届きたるよし何を書たか
（右二件日々新聞）
○工部省鑛山局より丁銅壹万枚餘を本日出帆の熊本丸に積込み大坂造幣局へ廻送せられたり
○本月一日より愛知縣松田八等屬ハ滯記傳習の爲出京せられ大藏省へ日々出頭せられし處同省に掛かる釣ランプ十本立にて餘程精工なるに目をとゞめられ其掛へ製作人を問合せられし處神田紺屋町九番地の富山竹次郎なるよしに付早速同人へ右の通りのランプを九本注文せら

百五十圓なりと
○事の趣意ハ何とも分らねど一昨日午後より丹後宮津の近傍の山々へ獵師が凡百七八十人集りしとの急報によりて木村一等警部會田七等警部が巡査五十人と、もに出張せられしとか何れ委しくハ追ふと去十七日出版の西京新聞に記せり
○海軍兵學校所轄の東海鎮守府の支校を此程機關學校と改唱られしよし
○府下七大區五小區の戸長河原氏ハ教育かたわ力を盡すと厚く有志の人と協議して區内の京陽學校を本校として區内毎に支校を十ヶ所に設立ると頻に建築に取懸て居といふ噂と聞ました
○淺草猿屋町の區務所へ三四日前に年齢十六七の男が來て私ハ上州桐生新町六丁目に住新宮彌學の悴要織（十七）と申ますが東京で奉公と致し度と先月中馬喰町の大坂屋といふ旅人宿へ止宿て居諸方奉公口も尋ねましたがふと國を出た次第ゆゑ請人にも差支へ彼是する間に旅費もなくし少しの品も賣拂つて漸旅人宿を出ました始末元鳥越に知己の者が居るといふのを心頼みに今朝から尋ねましても何分居所が分りませず桐生へ歸る詮術も盡はてました者ゆゑに何卒御憐愍をもちまして、と思ひ入て來た樣子ハ如何にも氣の毒にハ見受らるれど區務所で扱ふ筋でも無れバ厚く諭して歸らする其後かげを小使の倉林芳太郎が見送つて忽地に呼返し正午近なれバ辨當を我了簡で振舞せうと傍へ呼で食する時同所につかわるゝ篠原忠太郎（三十）が側へ差寄桐生迄歸るにハ何程旅費が掛りますと問へバ國許迄でハ些かゝれど桶川宿にハ知己も有れバ其處迄行バ

図 24 『東京絵入新聞』第 957 号「雑報　はなし」欄

舗寶丹行商致候者有之趣」は「ヘイホ、ホウタン、ギョウショウイタシソ(ウ)ロ(ウ)モノコレアルオモムキ」を意図して書かれているのであろうが、「有之」が「漢文式表記」である。同様に「コレナク」を意図していると思われる「無之」、「サッセラル」を意図していると思われる「被察」、「ネンノタメ」を意図していると思われる「為念」などの書き方がみられ、広告と新聞紙面の書き方とは連続していると考えてよい。

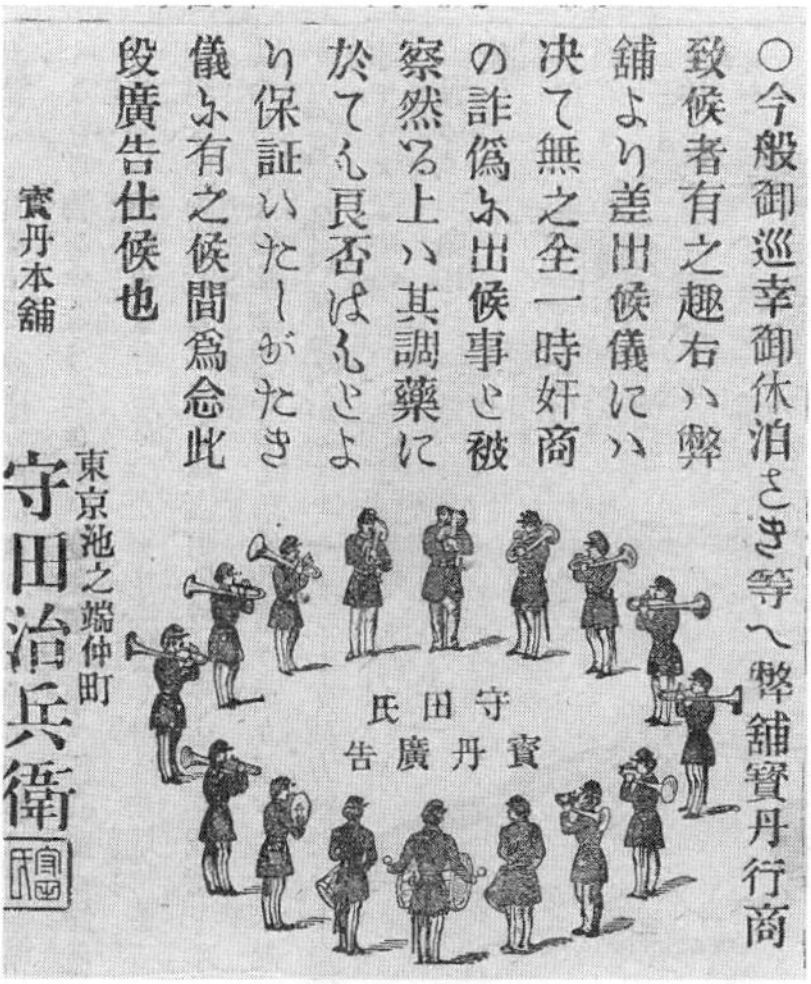

○今般御巡幸御休泊さき等へ弊舗寶丹行商致候者有之趣右ハ弊舗より差出候儀にハ決て無之全一時奸商の詐僞ニ出候事と被察然る上ハ其調薬に於ても良否はもとより保証いたしがたき儀ニ有之候間爲念此段廣告仕候也
寳丹本舗
東京池之端仲町
守田治兵衛
守田氏
寳丹廣告

図 25　寳丹広告

新聞の中でも特に「一般性」を意識しているはずの広告が、(スペースとの関わりで圧縮した表現を採ることはあっても)その時期において、ことさらに読みにくい書き方を採ることは考え難い。そうであれば、「漢文式表記」は当該時期において、ごく自然な書き方であったことになる。

漢語の書き方

図24の二段目一八行目・二九行目に

「旅費《ろよう》」とある。図24には掲げていない第三段目には「漸次《しだい》」とある。これらは、漢語「ロヨウ(路用)」に、別の漢語「リョヒ(旅費)」を書く時に使う漢字をあて、漢語「シダイ(次第)」に、別の漢語「ゼンジ(漸次)」を書く時に使う漢字をあてている。前章でも確認したこうした書き方は、現代人の眼には、ややもすれば表記上の「工夫」、あるいは特殊な書き方と映りやすいが、絵入りの新聞紙面にみられることからすれば、必ずしもそうではなかったと予想するのがよいであろう。

同様の例を幾つか掲げておく。「憫然《ふびん》」「醫員《おいしや》」「紙幣《さつ》」「忍耐《しんばう》」「漁夫《れうし》」「准備《ようい》」「會計《かんちやう》」「愍然《ふびん》」「動静《やうす》」「演習《けいこ》」「平常《へいぜい》」「容貌《きりやう》」「容色《きりやう》」「聲價《ひやうばん》」「營繕《ふしん》」「協議《さうだん》」「洋式《せいやうふう》」「戯事《じやうだん》」「お怜悧《りこう》」「お浴室《ふろ》」「看護《かんびやう》」「情死《しんぢう》」「清潔《きれい》」「稼業《しやうばい》」「周旋《せわ》」「割烹店《れうりや》」「罵詈《あくたい》」など、さまざまな例がみられる。これらの中に、その文脈に即したもの、さらにいえば、その文脈のみで成立する臨時的なものが含まれていそうではあるが、しかしひろい見渡しの下でいえば、こうした書き方は当該時期においてはごく自然なものであった。

新聞だけではなく、先にふれたボール表紙本から幾つか例を挙げてみることにする。「旅費《ろよう》」は『名花之餘薫《めいかのよくん》』(明治二〇年刊)に「老父は先《さき》に貯藏置《たくはへお》ける書籍を賣却《うりしろ》なして調達《とゝのへ》たる僅計《わづかばかり》の旅費《ろよう》を身《み》に纏《まと》ひ」(三九頁六行目)とみえるし、「漸次《しだい》」は『中将姫蓮曼荼羅《ちゅうじょうひめはちすまんだら》』(明治二一年刊)に「日を追て漸次《しだい》に重くなり」(一〇頁一七行目)、『佛國美談』再版(明治一九年刊)に「漸次《しだい》に如安《ヂョン》が言《い》はぬと誓《ちか》ひし神秘《しんぴ》を問《と》ひ掛《かく》るに」(一五二頁一行目)、また『斷腸花《だんちようか》』(明治二〇年刊)に「その琵《び》琶《は》の音《ね》は漸次《しだい》に近《ちか》く聞《きこ》えけり」(一四六頁九行目)とみえる。「憫然《ふびん》」は『春雨日記』(明治一九年刊)に「憫然《ふびん》ながらも人知《ひとし》れず健《けん》三奴《め》を撃果《うちはた》し」(一二頁一二行目)、『松之操美人廼生埋《まつのみさおびじんのいきうめ》』(明治二二年刊)に「憫然《ふびん》の者と思し召てお蘭に異見《いけん》を加《くは》へてお引取り遊《あそ》ばして」(八一頁二行目)、『黄薔薇《おうしようび》』(明治二〇年刊)に「何卒憫然《どうぞふびん》と思し召され」(六頁三行目)とみえる。「忍耐《しんばう》」は字順の入れ替った「耐忍」をあてた例が、『斷腸花』に「何事《なにごと》も耐忍《しんぼう》して時節《とき》の至《いた》るを待《ま》ち給《たま》へ」(一四〇頁一二行目)、「卿《おめへ》も吾《おれ》に耐忍《しんぼう》の出來《でき》るやうな趣向《しゆかう》を教《おし》へてくれ」(一八〇頁一行目)とみえる。「准備《ようい》」は『戀情花之嵐』(明治二〇年刊)に「己《おのれ》も娘諸共《むすめもろとも》に準備《ようい》の馬車《ばしや》に打乗《うちのり》つ」(二七頁一一行目)、「夫々《それ々々》に準備《ようい》をなし」(八三頁一行目)、『春雨日記』に「我子《わがこ》が初旅《うゐたび》の準備《ようい》しつ」(一五頁八行目)とみえるように、明治期に刊行されている新聞以外のテキストにもみえている。

三　雑誌の日本語

『日本之女学』の誌面

本節では、新聞に続いて雑誌の日本語をみてみたい。

まず、平成元(一九八九)年の百年前にあたる明治二二(一八八九)年二月に刊行されている『日本之女学』第一八号を採り上げることにする。『日本之女学』について、『日本近代文学大事典』(一九七七年、講談社刊、三一二頁)には、「女子の教養に資する目的で発刊、家政、修身教育に関する記事を主としたが、それとともに小説、和歌、俳句などの文芸作品をも採録し尾形月

論説

世《よ》の貴婦人令嬢《きふじんれいぢやう》諸君《しよくん》に望《のぞ》む

柳原豊太郎

綿蠻《めんばん》たる黄鳥《くわうてう》の幽谷《ゆうこく》を出《い》つるや人《ひと》皆《み》な其聲《そのこゑ》を愛《あい》し之《これ》を飼《か》はんと欲《ほつ》せざる者《もの》なし嬌艶《けふえん》滴《した》らんとする海棠《かいだう》の雨《あめ》に濕《うるほ》ふや人《ひと》皆《み》な其風姿《そのふうし》の嫺美《かんび》なるを愛《あい》し之《こ》れが一枝《し》を手《た》折《を》らんと欲《ほつ》せざる者《もの》なし蓋《けだ》し人生《じんせい》の情慾《じやうよく》誠《まこと》に複雑《ふくざつ》にして奇《き》を好《この》み新《しん》を愛《あい》するの傾向《けいかう》あるは之《こ》れ普通《ふつう》の情態《じやうたい》なり然《しか》れとも人文《じんぶん》漸《やうや》く進《すゝ》みて所謂《いはゆる》文明《ぶんめい》の境《さかい》に移《うつ》るに及《およ》びては随《したが》つて其情緒嗜好《そのじやうしよしかう》も亦《また》複雑《ふくざつ》なるべしと雖《いへど》も彼《か》の道義《だうぎ》廉恥心《れんちしん》の發生《はつせい》するに從《したが》つて漸《やうや》く其嗜好《そのしかう》や習慣《しうくわん》等の中《うち》に就《つい》て此《これ》は背理《はいり》なり彼《かれ》は不道徳《ふだうとく》なりと一々《いちいち》之れを辨別《べんべつ》し自《みづか》ら背理《はいり》なる不道徳《ふだうとく》なる情念《じやうねん》を絶《た》ちて以《も》て道義《だうぎ》の罪人《ざいにん》たらさるを勉《つと》むるに至《いた》るべし而《しか》して若《も》しも社會《しやくわい》一般《ぱん》の人民《じんみん》が均《ひと》しく此《こ》の理會《りくわい》を得《う》るに至《いた》らは是《こ》れ即《すなは》ち黄金世《わうごんせ》界《かい》なるべく天堂《てんだう》なるべく極樂淨土《ごくらくじやうど》なるべきなり

十九世紀《せいき》の今日《こんにち》に於《お》ける文明國《ぶんめいこく》の人民《じんみん》は已往《きわう》十八世紀《せいき》間《かん》の人民《じんみん》に比《ひ》して其德義《そのとくぎ》の最《もつと》も高尚《かうしやう》に進化《しんくわ》したる者《もの》にあらずや然《しか》れとも其日常《にちじやう》の行為《ぎやうゐ》に於て仔細《しさい》に之《これ》を討究《たうきう》それは其背理《はいり》ならざると果《はた》して幾何《いくばく》かある之を大《だい》にしては彼《か》の英國政府か英國人民か其口《くち》には政治上《せいぢじやう》に於ては自由《じゆう》を唱《とな》へ宗教上《しうけう》に於ては慈愛《じあい》を公言《こうげん》しながら彼《か》の埃及《エヂプト》に於《お》ける印度《インド》に於ける着々《ちやくちやく》吾人《ごじん》の眼前《がんぜん》に映射《えいしや》する其政略《そのせいりやく》の結果《けつくわ》は果《はた》して如何《いか》なるか壓制殘虐《あつせいざんぎやく》到らさる所なく脅迫横行《けふはくわうかう》施《ほどこ》さゝる所《ところ》なし甚《はなは》たしきは彼《か》の鴉片《あへん》の人生《せい》を害《がい》し道徳《だうとく》に戻《もど》るを知《し》りなから之《こ》れか輸出《ゆしゆつ》の政略《せいりやく》を取《と》りて毫《がう》も變《へん》せさるが如き其破廉恥《はれんち》不道徳《ふだうとく》なる何ぞ其れ甚《はなは》だしきや又之を小《せう》にしては堂々《だうだう》たる政治家《せいぢか》中に在《あ》りて彼《か》のチヤールス、デルクの如《ごと》き人物《じんぶつ》をも現《あらは》るゝとあるを見《み》る嗚呼《あゝ》今日《こんにち》地球《ちきう》上文明《ぶんめい》の中心《ちうしん》と仰《あほ》かるゝ英國すら猶《な》ほ且《か》つ如斯《かくのごと》他《た》の墺、佛《ふつ》、獨《どく》、魯《ろ》に至《いた》りては固《もと》より吾人《ごじん》が喋々《てふてふ》を須《ま》たざるべきなり然《しか》れども我《わ》が貴婦人令嬢《きふじんれいぢやう》諸君《しよくん》吾人《ごじん》は今《こん》他英佛《たえいふつ》諸國《しよこく》の事《こと》を罵《のゝ》しるの遑《いとま》を有《いう》せざる

(一一五)

○世の貴婦人令嬢諸君に望む

図26 『日本之女学』第18号「論説」欄

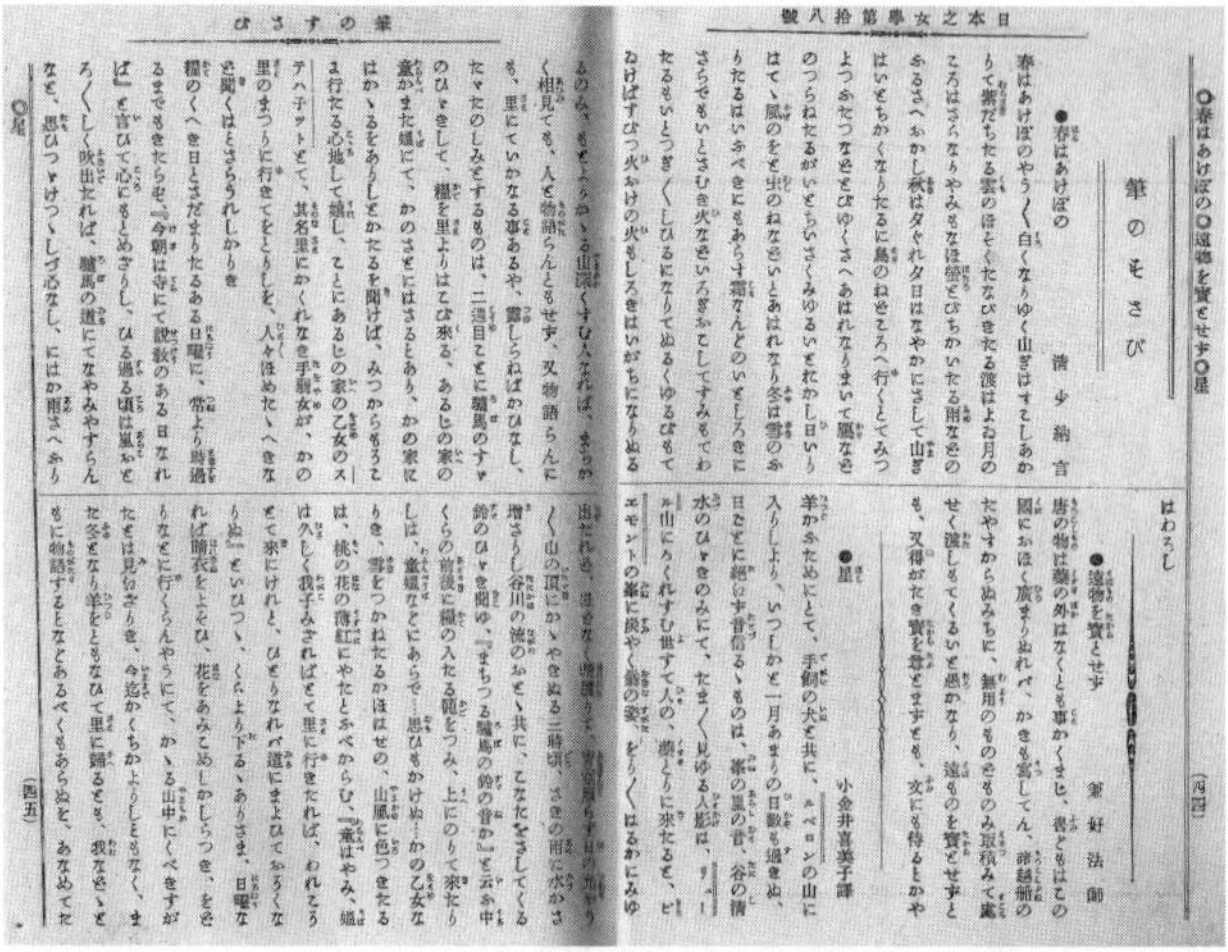
日本之女學第拾八號

○春はあけぼの○遠物を實とせず○星

(四四)

筆のすさび

●春はあけぼの　清少納言

春はあけぼのやうやう白くなりゆく山ぎはすこしあかりて紫だちたる雲のほそくたなびきたる夏はよる月のころはさらなりやみもなほ螢とびちがいたる雨などのふるさへをかし秋は夕ぐれ夕日はなやかにさして山ぎはいとちかくなりたるに鳥のねどころへ行くとてみつよつふたつなどとびゆくさへあはれなりまいて鴈などのつらねたるがいとちいさくみゆるいとをかし日いりはてゝ風のをと虫のねなどいとあはれなり冬は雪のふりたるはいふべきにもあらず霜なんどのいとしろきにさらでもいとさむき火などいそぎおこしてすみもてわたるもいとつきづきしひるになりてぬるくゆるびもてゆけばすびつ火おけの火もしろきはいがちになりぬるはわろし

●遠物を實とせず　兼好法師

唐の物は藥の外はなくとも事かくまじ、書どもはこの國におほく廣まりぬれば、かきも寫してん、唐土船のたやすからぬみちに、無用のものどものみ取積みて處せく渡しもてくるいと愚かなり、遠ものを寶とせずとも、又得がたき寶を尊まずとも、文にも侍るとかや

●星　小金井喜美子譯

羊かふためにとて、手飼の犬を共に、ルベロンの山に入りしより、いつしかと一月あまりの日數も過ぎぬ、日ごとに絶えず音信るゝものは、峯の嵐の音、谷の清水のひゞきのみにて、たまたま見ゆる人影は、リューヌ山にかくれすむ世すて人の、藥とりに來たるか、ピエモントの峯に炭やく翁の姿、そもそもはるかにみゆるのみ、もとよりかゝる山深くすむ人なれば、まれまれ相見ても、人と物語らんともせず、又物語らんにも、里にていかなる事あるや、露しらねばかひなし、たゞたのしみとするものは、二週目ごとに驢馬のすゞのひゞきして、糧を里よりはこび來る、あるじの家の童かまた媼にて、かのさとにはさるとあり、かの家にはかゝるをありしとかたるを聞けば、みつからもそこに行たる心地して嬉し、ことにあるじの家の乙女のステハ子ットとて、其名里にかくれなき手弱女が、かの里のまつりに行きてをどりしを、人々ほめたゝへきなど聞くはことさらうれしかりき

糧のくべき日とさだまりたるある日曜に、常より時過るまでもきたらぬ『今朝は寺にて説教のある日なれば』と言ひて心にもとめざりし、ひる過る頃は嵐おどろおどろしく吹出たれば、驢馬の道にてなやみやすらんなど、思ひつゞけつゝしづ心なし、にはか雨さへふり出たれど、…日の光やうやく山の頂にかゝやきぬる三時頃、さきの雨に水かさ増さりし谷川の流のおとゝ共に、こなたをさしてくる鈴のひゞき聞ゆ、『まちつる驢馬の鈴の音か』と云ふ中くらの前後に糧の入たる籠をつみ、上にのりて來たりしは、童媼などにあらで…思ひもかけぬ…かの乙女なりき、雪をつかねたるかほばせの、山風に色つきたるは、桃の花の薄紅にやたとふべからむ、『雨はやみ、媼は久しく我子みざればとて里に行きたれば、われこそて來にけれど、ひとりなれば道にまよひておそくなりぬ』といひつゝ、くらより下るゝありさま、日曜なれば晴衣をよそひ、花をあみこめしかしらつき、をどりなどに行くらんやうにて、かゝる山中にくべきすがたとは見えざりき、今迄かくちかよりしこともなく、また冬となり羊をともなひて里に歸るとき、我などゝともに物語するとなどあるべくもあらぬを、あなめでた

(四五)

筆のすさび

○星

図27 『日本之女学』第18号「筆のすさび」欄

耕らの挿画を添えるなどして読者に親しまれた」と記されており、先に採り上げた大新聞に比べると、よりくだけた内容が含まれている。

第一八号では、雑誌全体を「日本之女学」「論説」「史伝」「叢話」「詞華」「筆のすさび」「小説」「批評」「雑録」「寄書」「雑報」の一一に分けている。この号では、「詞華」欄の冒頭に、「美人雑咏」という題の漢詩が並べられているが、その他の欄はすべて漢字と平仮名とを基調として書かれている。「日本之女学」「論説」はほぼ総振仮名、「史伝」「叢話」はそれよりも振仮名がやや少ないというように、欄によって振仮名の施し方に精粗があるが、総じて振仮名を施す傾向にある。図26として、「論説」

欄に掲載されている「世《よ》の貴婦人令嬢諸君《きふじんれいじやうしよくん》に望《のぞ》む」を示した。漢字を多く使い、それに平仮名を交える「漢字平仮名交じり」で書かれている。一方図27として、「筆のすさび」欄に掲載されている、小金井喜美子の翻訳『星』を示した(下段)。こちらは、平仮名を多く使い、それに漢字を交える「平仮名漢字交じり」で書かれている。ここでも「内容」に応じた書き方がなされていると思われる。

書きことばに露出する訛形

「訛形《かけい》」とは一般的に考えれば「訛った語形」ということになるが、ここでは標準的な語形を一方に置いた時に、それに対して、どのような面で非標準的であるかは問わず、その非標準的な語形を「訛形」と一括して呼ぶことにする。

『日本之女学』にも、この「訛形」は少なからず見られる。「結婚前(けつこんまい)」(六頁上段九行目)、「前(まい)」(七頁上段一六行目)は「マエ(前)」のエがイに換わった母音交替形であり、「敢(あいて)」(八頁一二行目)も「アエテ」のエがイに換わった母音交替形である。

明治期には、イとエとが交替する傾向があったと思われ、雑誌以外のテキスト、例えば『才子佳人奇遇之夢』(明治一九年刊)においては、「婢女《めしつかい》」(四頁六行目)とある一方で、「婢女《めしつかへ》」(三頁五行目・六頁五行目・一〇一頁八行目・一〇四頁六行目)とあって、「メシツカイ」「メシツカエ」両語形が併用されている。また明治一九年に出版された『名将佳人遠征奇縁』には「我《われ》に給《きう》するに刃《やえば》と馬《うま》とを以《もつ》てせよ」(五四頁八行目)、「五人《にん》の騎者《きしや》刃《やゐば》を揃《そ》ろへ」(九四頁九行目)とあって、「ヤエバ」という語形が使われていたことがわかる。その一方で、同テキストには「馬上《ばしやう》に自刃《じじん》せんと刃《やいば》を口《くち》にくはひ襟押《えりお》し開《ひら》かんとする時《とき》に」(九九頁一行目)ともあり、やはり「ヤエバ」「ヤイバ」両語形が併用されている。「くはひ」は「クワイ」を書いたものと思われ、「クワエ」のエがイに交替した語形である。また「数《す》十流《じうりう》の旌旗《せいき》を翻飜《へんぽん》としてひるがひしたり」(七七頁九行目)の「ひるがひしたり」は「ヒルガイシタリ」を書いたものと思われ、「ヒルガエシタリ」のエがイに交替したものである。さらに「やがて仕度《したく》を調《とゝの》ひ日《ひ》ならずしてゴールビをシベリヤに送りたり」(一一〇頁一〇行目)の「ととのひ」は「トトノイ」を書いたものと思われ、「トトノエ」のエがイに交替したものと思われる。なおこのテキストでは人名に傍線、地名には二重傍線を施している。

話しことばの流入

ここでは二つのテキストから「イとエとに関わる母音交替形」の例を挙げたが、これは、この二つのテキストに限ってみられる現象ではなく、明治期においてはひろくみられる。例えば明治二〇年に出版された土田泰蔵『通俗佳人之奇遇』においては、「用《もち》へて」(一三頁三行目)、

「云《い》へけるは」(一五頁二行目)、「秀《ひ》へて丶」(一五頁七行目)、「其價《そのあたへ》は」(二九頁一一行目)、「前《まい》には」(四一頁二行目)、「紅《くれな》へ」(四五頁五行目)、「帆船《ほまいせん》」(五二頁八行目)、「遺礎《いしつい》」(五三頁九行目)、「衰《をとろ》いて」(五五頁一行目)、など、「イとエとに関わる母音交替形」が多くみられる。

「書き手」の使用言語(方言)ということも考え併せなければならないが、むしろ明治期においてはひろくみられたこうした母音交替形を、当該テキストは「話しことば」そのままに「書きことば」に持ち込んだということであろう。多くのテキストではこうした「話しことば」語形を「書きことば」に露出させないが、そうしたテキストもある、とみておきたい。

「カエル」と「カイル」と

イとエとの交替は、明治期に限ってみられる現象ではない。室町期には、現代日本語「カエル(蛙)」にあたる「カイル」という語形が存在していたことが知られている。

例えば室町期に成立した辞書、『節用集《せつようしゅう》』の一つである「和漢通用集」には「蛙《かいる》」、「蝦蟇《かいる》」とある。また室町期に来日し、日本においてキリスト教の布教活動をしていたイエズス会の宣教師と日本人とが協力して、慶長八(一六〇三)年に長崎学林で出版した『日葡辞書《にっぽじしょ》』という辞書には「Cayeru」(カエル)が見出し項目として採られているが、そこには「ただし、話し言葉ではCairuと言う」とポルトガル語で語釈が施され、「Cairu」(カイル)も見出し項目となっている。さらにいえば、一六世紀頃には成立していたと目されている、『なぞだて』と題されているなぞなぞの本の中に「やふれかちやう　かいる」という謎がある。「やふれかちやう」は「破れ蚊帳《かちょう》」で、「破れ蚊帳」とかけて「かいる(蛙)」と解く、その心は？　という形式の謎である。謎と答えとがかけ離れていた方がおもしろいわけで、ここでは答えが「かいる(蛙)」であることがこの謎のおもしろみをひきだしていると思われる。「かいる」は「蚊、入る」であるが、ここに「カエル」にあたる「カイル」がいわば堂々と使われている。

話しことばの足跡

少なくても室町期以降であれば、日本語の「イ」と「エ」とは交替しやすかった、とみれば、いついかなる時でも「イとエとに関わる母音交替形」が「話しことば」に生じる可能性があったことになる。注目すべきことは、「話しことば」内に生じたその交替形が、「書きことば」で使われることがあったか、そしてそれが最終的に「書かれたことば」に「足跡」を残したかどうかということである。

「話しことば」の語形は、「書きことば」側からみれば、何程かの「訛形＝非標準語形」になる場合がある。ある語形が「話しことば」で使われていたとしても、その語形が「書きことば」では使われないことがわかっていた場合、あるいは「書きことば」としてはふさわしくないと判断された場合、語形としては存在しているにもかかわらず、「書きことば」としては姿を現わさないということはあり得ることで、文献にみられないからその語形がなかったとまではなかなかいえない。室町期も、それまでの時期と比べれば、文献に「話しことば」語形が露出している時期ともいえ、明治期はよりいっそう「話しことば」語形が「書きことば」に露出した時期であると考える。

こうした音韻の交替例は「イ」と「エ」とに限ったことではない。『日本之女学』にみられる「委(いた)ねて」(九頁上段五行目)は「ユダネテ」のユがイになった例であり、同様の例が明治期の文献に幾つも見受けられる。先に使った『遠征奇縁』には「長《なが》く今日《こんにち》の如《ごと》きを欲《ほっ》する所以《ゆゑん》なり」(四三頁三行目)とある一方で「是《こ》れ僕《ぼく》が一日《じつ》百回《くわい》病蓐《びやうじよく》に涙《なんだ》を濺《そゝい》で慨然《がいぜん》憮然《ぶぜん》たる所以《いえん》なり」(四二頁五行目)という例がみえる。他に、『明治貴女鑑《きじょかがみ》』(明治二一年刊)にみられる「忠雄《たゞを》の躰《からだ》をいすぶりければ」(九〇頁六行目)の「イスブリ」なども同様の例にあたる。

「必死《しつし》」(二九頁上段一三行目)は「ヒッシ」の「ヒ」を「し」と書いた例であるが、明治期の東京方言においては、「ヒ」の発音が「シ」の発音に接近していたために、「ヒ」を「し」と書くことがあったことはよく知られている。『清英阿片之騒乱《しんえいあへんのそうらん》』(明治二一年刊)には「今《いま》を必死《ひつし》の戰《たゝか》ひ」(七五頁八行目)とある一方で、「敵《てき》を防《ふせ》き必死《しつし》となつて戰闘《せんとう》なせば」(六九頁六行目)とある。また、『明治貴女鑑』には「お浪《なみ》は生長《せいちやう》に従《ひたが》つて次第《しだい》に容《すが》/姿美《たうる》はしく目《め》に附《つく》やうになりたる上《うへ》」

(六九頁一一行目)とあり、ここでは「シタガッテ」が「ひたがつて」と書かれている。他に、『斷腸花』に「彼烈《ビレ》／志《シイ》は額《ひたい》を蹙《ひわ》めて比久止留《ビクトル》の顔《かほ》を眺《なが》め」(二八頁一一行目)という例があり、ここでは「シワメテ」が「ひわめて」と書かれている。また「齢古稀《よはひひちじう》に二《ふた》つ三《み》つ越《こ》へたる兩親《ふたおや》のありて」(『奇遇之夢』一二二頁八行目)、「お鶴が父孫七《おやぢまごひち》も／娘の傍《そば》に寐《ね》た辰之助を疑《うた》ぐッてはをりましたが」(『噂高倉』八四頁二行目)、「是までは跡《あと》を慕《ひた》ふて來りし處」(『妲妃於百』四五頁一六行目)、「高貴《かうき》の品《ひな》／と思《おも》へば得《え》たりと心《こゝろ》に覺《さと》れど」(『西洋梅暦』三三頁七行目)などの例もある。

揺動が露出した時代

ここまで見てきたように、明治期の印刷物、特に新聞や雑誌さらにはボール表紙本などを精査することによって、当該時期の「一般的な」書きことばがどのようなものであったかが、よく分かってくる。

『日本之女学』第一八号六三頁上段一〇行目には「かゝる事《こと》の源因《げんいん》となりて太古《たいこ》の人民《じんみん》は次《し》第《だい》に開化に進《すゝ》み行《ゆき》たり。こは太古の開化の源因《げんいん》にしてあたかも草木《さうもく》の一つの種《たね》よりやう々一本となりたらんが如し」とある。ここには「源因《げんいん》」が二回使われている。一方、七一頁下段八行目には「男子と同等《どうとう》の教育を女子に與《あた》へさる所以《ゆへん》の理由《わけ》を考《かんが》ふるに大凡そ三種《さんしゆ》の原因《げんいん》あるを知《し》る」とあって、こちらには「原因《げんいん》」とある。現在は「ゲンイン」を「原因」と書くが、「源」

字が「原」字に氵を加えて成り立っていることからもわかるように、「原」字と「源」字とはそもそも通じるのであって、字義からいえば「源因」と書くこともできなくはない。『日本之女学』は「どちらも使うことができる」という状況をそのまま現わしているといえよう。『新《しん》舊《きゅう》思想教育競《くらべ》』（明治二〇年刊）には「何分通信《なにぶんつうしん》の斷《た》へた源因《げんいん》を見出《みいだ》す事《こと》が出來《でき》ないョ」（八七頁一二行目）とあって、「源因」という書き方は明治二〇年代頃には珍しいものではなかったことがわかる。

夏目漱石もまた、『それから』十の一（第五一回）の原稿に「其不安は人と人との間《あひだ》に信仰がない源因から起《おこ》る野蛮程度の現象であつた」（『漱石全集』第六巻、一五五頁九行目）と書いている。この「源因」は、明治四二年八月一六日の『朝日新聞』にそのまま「源因《げんいん》」と載せられている。ところが、明治四三年一月一日に出版された単行本『それから』には「原因《げんいん》」とある。

このことをもって、ただちに単行本には単行本の基準があった、とみることは短絡的過ぎるであろう。しかし、少なくとも、『日本之女学』が出版された明治二二年の時点においても、『それから』が新聞に発表され、単行本が刊行された明治四二、四三年の時点においても、「ゲンイン」という漢語が「源因」と書かれたり「原因」と書かれたりしていたことは確かなことである。そうした言語の揺れ、揺動の中に明治期の日本語があった、と考える。

『それから』一二の五の原稿に「矢っ張り平常《へいぜい》の様な無駄口《むだくち》を叩《たゝ》いてゐた」と書かれている

箇所がある。ここでは先に『東京絵入新聞』の例としても挙げたように、漢語「ヘイゼイ」に漢字「平常」をあてている。同様の例は明治期の文献に少なからずみられる。

例えば明治二五年に出版された『英国奇談大詐欺師』には「平常戀慕《へいぜいこひした》ひたる人は現《げん》に血を分たる伯父フラントンの子なりし」(一一五頁二行目)とみえ、明治二〇年に出版された『雙鸞《そうらん》春話』には「黨員其《とういんそ》の他《た》の尊敬《そんけい》も多《おほ》く聊《いさ》さか氏《し》が平常《へいぜい》の憂憤《ゆうふん》を漏《もら》すに足《たり》しも」(八頁一二行目)とみえ、『清英阿片之騒乱』には「一旦《たん》和《わ》睦《ぼく》すと雖《いへど》も平常政務《へいぜいせいむ》に怠《おこた》り」(四五頁四行目)とみえる。『それから』の「平常《へいぜい》」は新聞では「平生《へいぜい》」となっており、単行本(二六八頁一一行目)でも同様である。つまり、「平常《へいぜい》」という書き方が退けられている。これは象徴的ともいえる例で、あと少しで明治が終わろうとしていた明治四二年の時点では、揺れ、揺動の中にあった明治期の日本語をある収斂に向かわせるような動きが、静かに、しかし確実に始まっていたと思われる。その収斂の「方向」は、本章の冒頭に述べた、活字印刷のひろがりに伴う、情報の受け手、読み手のひろがりと無関係ではない。

第四章　統一される仮名字体
——失われた選択肢

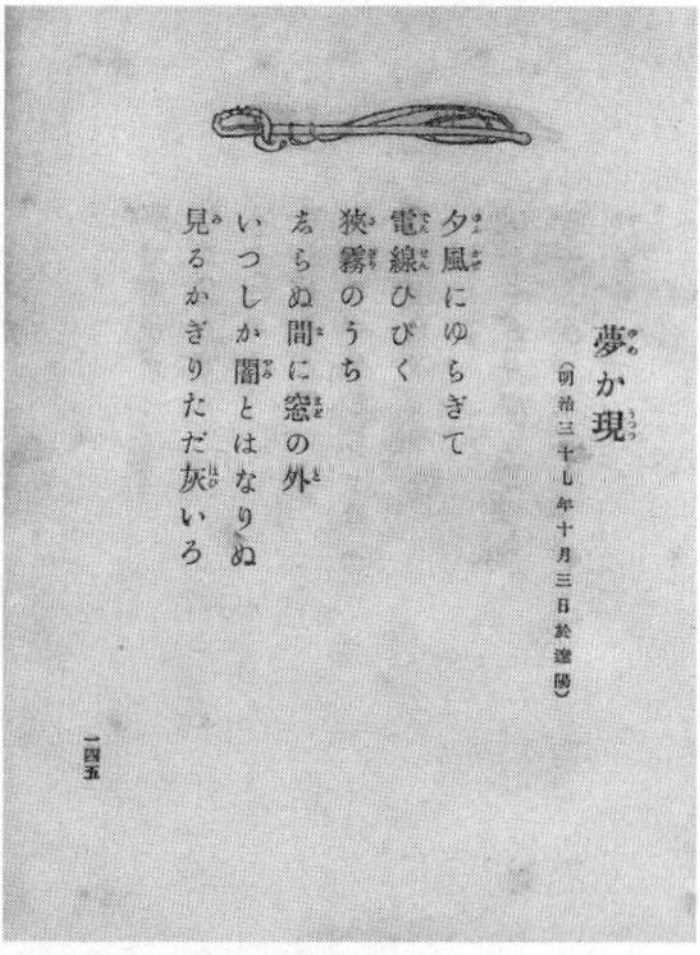

夢《ゆめ》か現《うつつ》

（明治三十七年十月三日於遼陽）

夕風《ゆふかぜ》にゆらぎて
電線《でんせん》ひびく
狭霧《さぎり》のうち
ゑらぬ間《ま》に窓《まど》の外《と》
いつしか闇《やみ》とはなりぬ
見《み》るかぎりただ灰《はひ》いろ

一四五

森鷗外『うた日記』(明治 40 年 9 月刊).
異体仮名〈ゑ〉が使われている.

一　仮名のさまざまな使い方

複数の仮名字体

第一章では、夏目漱石の自筆原稿を手がかりにして、おもに、漢字の字体について考えてみた。第二章では、「日本語を漢字で書く」ということを軸として、振仮名や語形の多様性、書き方の多様性などについて考えた。第三章では、新聞や雑誌の日本語の諸相を詳しく見た。本章では、翻って、平仮名及びその使い方について考えてみることにしたい。

現代のわたしたちにとって、平仮名といえば五十音図がすぐに思いうかぶ。五十音図というが、ヤ行には「や・ゆ・よ」、ワ行には「わ・ゐ・ゑ・を」しか置かれていないので、実際には平仮名は四十七しか示されていない。この四十七の仮名が「いろは歌」を構成する「いろは四十七文字」でもある。

ところで、現在では、仮名の「ア」を表わす平仮名は「あ」一字体で、仮名の「ミ」を表わす平仮名は「み」一字体、というように、一つ一つの仮名に対応する平仮名(片仮名)の字体は、一つである。しかし、かつては一つの仮名に対応する平仮名(片仮名)の字体は一つではなかった。例えば仮名の「シ」を表わす平仮名としては、現在使われている平仮名字体「し」の他に、漢字「志」を字源とする平仮名字体〈志〉があった。複数ある平仮名字体はどのように使われていたのか、そしてそれはいつ頃まで使われていたのか、平仮名の使われ方の「流れ」をみていくことにしよう。

日本語の歴史の中で、仮名がうまれたのは、一〇世紀頃で、中世期頃までには（漢字と）仮名によって日本語を書くということが成熟にむかっていったと考えることができる。そこで、明治期について考える前に、それまでの時期がどうであったかということについて整理をしておきたい。図28は、元応二（一三〇四）年の書写奥書をもつ穂久邇文庫蔵『源氏物語』「桐壺巻」七丁表である。（引用は日本古典文学影印叢刊『源氏物語（一）』（一九七九年、貴重本刊行会刊）によった。）

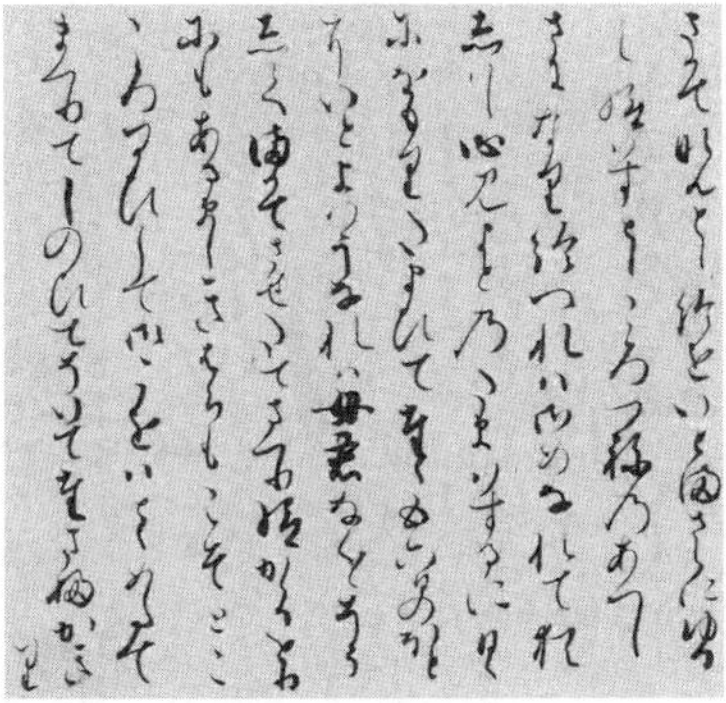

図 28 『源氏物語』「桐壺巻」7 丁表

ま[1]かてなんとし[1]給をいとま[2]さらにゆる
し[1]給はすとし[1]ころつねのあつし[1]
さになり給へれは御めなれて猶

し[2]はし[1]心見よとのたま[3]はするに日々
にをもりたま[3]ひてたゝ五六日のほと
にいとよはうなれは母君なく々々そう
し[2]てま[2]かてさせたてま[1]つり給かゝるをり
にもあるま[2]し[1]きはちもこそとこ
ころつかひし[1]て御こをはとゝめたて
ま[3]つりてし[1]のひてそいてたま[2]ふかきり

ここで注目してほしいのは、一つの仮名に一つの字体があてられていないことである。図28の範囲でいえば、仮名「し」を表わしている字体には〈し〉(し1)と〈志〉(し2)との二種類がみられるし、仮名「ま」を表わしている字体には〈万〉(ま1)と〈満〉(ま2)と〈ま〉(ま3)との三種類がみられる。(以下では〈志〉〈万〉〈満〉〈江〉〈八〉〈天〉はこのようなかたちで示し、これら以外の異体仮名については、現在使用している平仮名・片仮名に、ちかい字形がある場合はそれを〈 〉内に入れ、ない場合は、字源となっている漢字を〈 〉内に入れて示した。)

異体仮名の使い方

このように、一つの仮名に複数の字体が存在していることが、日本語の歴史においては長く一般的であった。この複数の仮名字体のことを「異体仮名」と呼ぶ。〈志〉と〈し〉とは、ともに仮名「し」を表わしているという点で「等価」であって、そこには「差」がない。しかし、一つの仮名に複数の字体がある、という状態が長く続いていく間に、使い方に「傾向」ができたものがある。

使い方の「傾向」はごく自然なものである。つまり、大ぶりで安定性がありそうな字形は、一行を単位としていえば、一行の先頭(＝行頭)や、一行の終わり(＝行末)に書くのが自然であるので、そのような位置に書かれることが多い。語を単位としていえば、語の先頭(＝語頭)に書くのが自然ということになる。字と字との連続という点からみれば、次の字に続けやすい字形、前の字から連続しやすい字形がある。書道では「連綿《れんめん》」という表現を使うが、「連綿がしやすい字」と「連綿がしにくい字」とがあることになる。

例えば仮名「し」に使う〈志〉と〈し〉とで説明をしてみる。〈志〉は「大ぶりで安定性がありそうな字形」で、同時に「連綿がしにくい字」である。つまり独立性の高い字形をしている。このような字形が、行頭・行末や語頭に置かれるようになるのは自然である。これは「美しく書く」ということを追求する中で自然にそのように書くようになっていったと思われる。〈し〉は長く書くこともでき、短く書くこともできる。安定性というよりは、「連綿がしやすい字」である。そうなると、一語を単位としてみれば、語頭よりは語中尾に使われやすい字形であることになる。

仮名「し」には〈志〉と〈し〉との二種類の字体しかなく、「行末・行頭・語頭＝〈志〉／非行頭・語中尾＝〈し〉」というように〈志〉・〈し〉二字体を使ったとする。「行頭／非行頭」は排他的で、「語頭／語中尾」も排他的であるので、二つの字体を二つの位置に振り分けていることになる。つまり、〈志〉は行頭か語頭位置でしか使用されず、〈し〉は行頭、語頭以外の位置で使用されるということになる。

語頭を示す、マークするということは、そのマークの直前が前の語の切れ目であることを示すことにもなるので、語の切れ目を表示していることにもなる。しかし、そもそも語の切れ目を示すために、〈志〉と〈し〉とを意識的に使った、とみることは、おそらく正しくない。言語事象に関して、発話者あるいは「書き手」が意識して行なったことか、無意識に行なったことかということが話題になることがあるが、文献から、「意識的な行為」であることを証明することはきわめて難しい。

「書き手」は美しく書くということに集中し、そうした書き方を成熟させていく中で、自然に右のような書き方にたどりついた。そのようにしてたどり着いた「書き方」を「読み手」側からみれば、「〈志〉の前には語の切れ目がある」ということになる。つまり、〈志〉という字体を使うことが、「語の切れ目を示す」という機能を担うことになる。これを「機能的な仮名字体の使い方」と評価することは可能で、このような異体仮名の使い方を「仮名文字遣い」と呼ぶことがある。

機能的な「仮名文字遣い」が成立するためには、幾つかの条件が必要になる。分担させたい「機能」の数と、使われている仮名字体の数とが「一対一」の対応をしていることがもっとも望ましい。しかしそうなると、そもそも複数の仮名字体が存在しない「仮名」には「仮名文字遣い」が成立する余地がないことになる。また分担させたい「機能」の数を著しく超えて仮名字体が数多く存在している場合も、成立しにくい。何も「機能」を分担しない仮名字体があったり、複数の仮名字体が一つの「機能」を担ったりすることは、結局は「機能的とはいえない」からである。

そのように考えると、機能的な「仮名文字遣い」というのは、あらゆる仮名に成立することではなくて、条件が整っているある仮名にしか成立しないということがわかる。そして、分担させたい「機能」の内実がさまざまであるとすれば、仮名全体を覆うような、一貫した表記システムとしての「仮名文字遣い」は考えにくいということになる。

二つの仮名文字遣い

では、その「仮名文字遣い」の実態を具体的に紹介しよう。

中世期頃までには、仮名によって日本語を書くということも、ある程度の「成熟」に到達していたと思われる。おそらくそうした中で醸成された、はっきりとした「仮名文字遣い」が二つある。一つは右で述べてきた仮名「し」に関わる「仮名文字遣い」で、「行末・行頭・語頭＝〈志〉／非行頭・語中尾＝〈し〉」というもの、もう一つは仮名「は」に関わる「仮名文字遣い」で、「ワ」と発音する「は」に〈八〉をあてるというものである。図29として『落葉集』を掲げた。(引用は天理図書館善本叢書『落葉集二種』(一九八六年、八木書店刊)によった。)

四行目から「た」の部が始まるが、「タボン(他犯)」「タカイ(他界)」「タコク(他国)」「タハ(他破)」「タヒツ(他筆)」「タギョウ(他行)」「タゴン(他言)」「タジ(他事)」「タジ(他寺)」「タジツ(他日)」というように語が並べられ、それぞれの漢字の右には音、左には訓が施されている。「タジツ(他日)」の「日」の右側には「ジツ」の音が施されているが、その「ジ」が濁点付きの〈志〉で印刷されている。五行目の「心」の右には〈志ん〉、「所」の右には〈志よ〉とある。その一方で、「借」の右には〈しやく〉とあり、語頭の「し」が、必ず〈志〉で印刷されているわけではない。

『落葉集』は一五九八年に長崎で刊行されているが、活字で印刷されているので、用意されている活字の数の面からの制約も考えなければならない。例えば、一回の印刷で、仮名の「シ」が三〇回使われているとする。その中、語頭の「シ」が一五回あったとする。〈志〉の活字が一〇個しかなければ、ほんとうは〈志〉を使おうと思っていても、数が足りないので、〈し〉

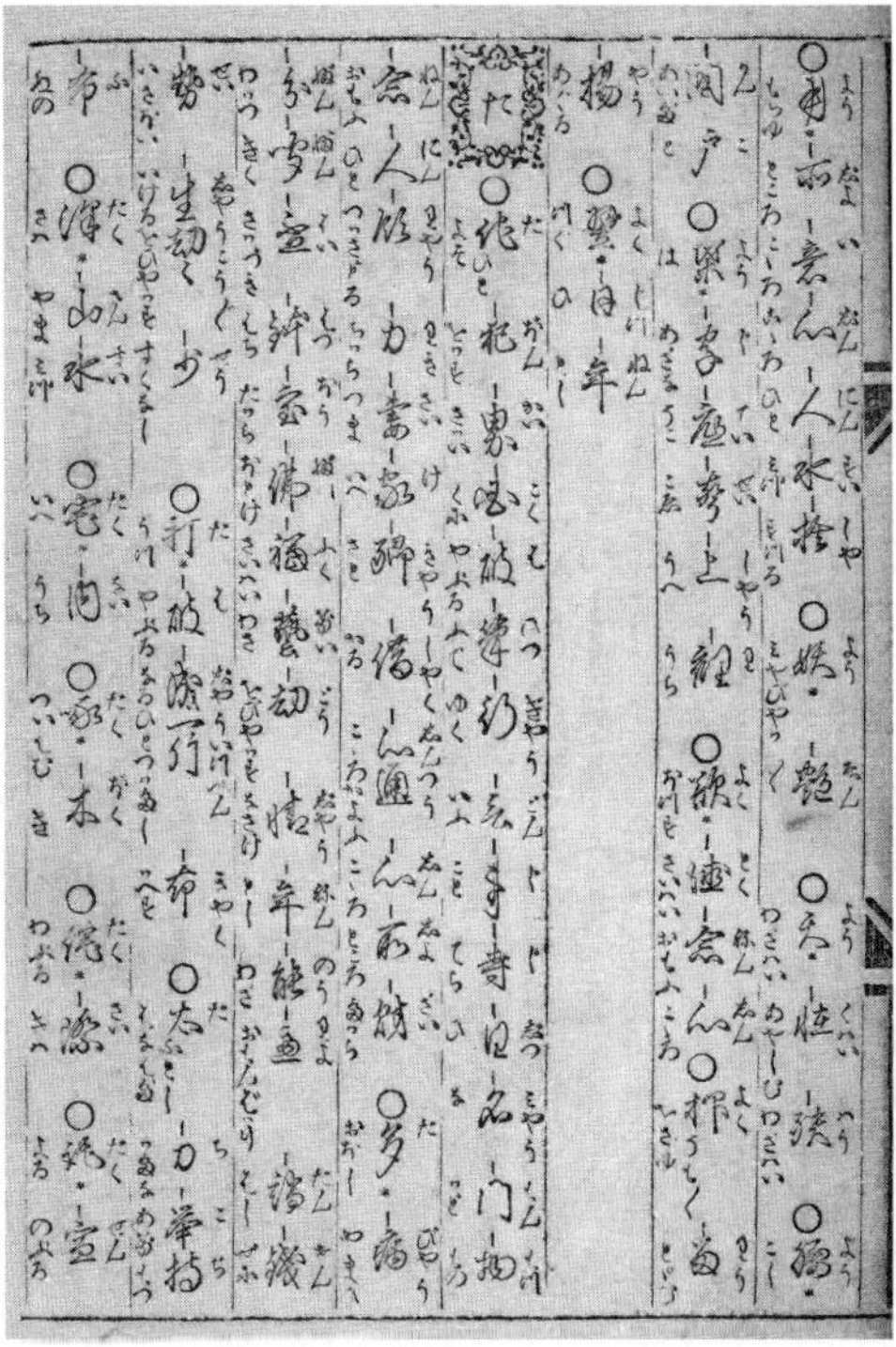

図 29 『落葉集』本篇 17 丁裏

を使わざるを得ないということがおこる。そうした制約の中でも、ある程度は語頭の「し」に〈志〉があてられているということには注目したい。

二行目の「徳」字の左側には訓「サイワイ」が〈さいへい〉と印刷されている。また、六行目の「福」字の左側の訓「サイワイ」も〈さいへい〉と印刷され、八行目の「澤」字の左側の訓「サワ」は〈さへ〉と印刷されている。これらの例においては、「ワ」と発音されている仮名「は」に〈へ〉があてられている。六行目の「藝」の左側の訓「ワザ」の「ワ」は「ワ」という発音であるが、このような語頭に位置する「ワ」は、仮名としては「わ」で書くものであるので、こうした箇所に〈へ〉があてられることは原理的にはない。つまり、より丁寧に説明をすれば、「ハ行転呼音現象」という音韻変化の結果として「ワ」と発音するようになった、語中尾に位置する「は」に〈へ〉をあてるという「仮名文字遣い」である。

ところが、この「仮名文字遣い」が、「「ワ」と発音する仮名に〈へ〉をあてる」というように、条件を省いたかたちで圧縮して理解されると、「ワザ」という語の「ワ」にも〈へ〉をあてるようになる。また〈へ〉はつねに「ワ」と発音すると理解されると、「ハシ(橋)」という語を〈へし〉と書けないことになる。実は『落葉集』にはそのような例がみられる。

この『落葉集』には、「落葉集之違字」と題した正誤表のようなものが巻末に附されている。印刷の過程でわかった誤植の類を一覧できるようにしたものと思われる。現存する『落葉集』

は、断簡を除けば、ローマイエズス会本部蔵本(R本)、大英図書館蔵本(B本)、スコットランドのクロフォード家蔵本(C本)、パリ国立図書館蔵本(P本)、ライデン大学図書館蔵本(L本)、天理図書館蔵本(T本)の五本が知られている。「落葉集之違字」に指摘がある箇所についてみると、訂正されている本とされていない本があり、印刷の工程が複雑であったことが窺われる。例えば一四丁裏三行目、「席」字の左側に「むろし」とある。これはいうまでもなく、「むしろ」の誤植であるが、これが「ヒむろし　むしろ也」というかたちで「落葉集之違字」に掲げられている。訂正の指示はさまざまであるが、図30のような箇所がある。

「旗」の左側の訓を「〈ハた〉」から「〈者〉た」に、「端」の左側の訓を「〈ハ〉し」から「〈者〉し」に訂正するように指示をしている。〈ハ〉も〈者〉も、ともに仮名「は」を表わす異体仮名なので、「〈ハた〉」と書いても「〈者〉た」と書いても、「はた」であることにはかわりがない。し

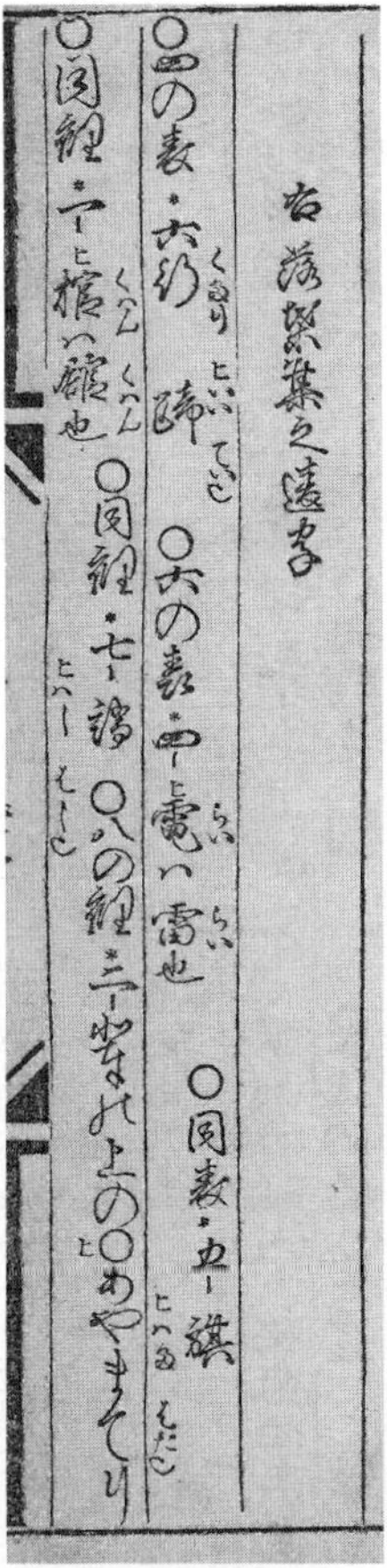
右落葉集之違字
○四の表・六行 蹄
○六の表・四ト 電ハ雷也
○同表・九ー 旗

図30　「落葉集之違字」

かし、ここでの訂正指示は先に述べた〈八〉に関わる「仮名文字遣い」を背景にしたものと思われる。つまり、〈八〉は発音「ワ」にあてる仮名字体であるので、たとえ語頭の位置であっても、それを使えば「〈八〉た」は「ワタ」と思われる可能性があるので、それを避けるために、〈八〉ではない異体仮名〈も〉に換えるように指示をしたものとみえる。その一方で、「業」字（一六丁表三行目）の左側に「〈志八ざ〉」とある。これは「シワザ」という語を意図したものと思われる。「シワザ」は「シ＋ワザ」という複合語であるので、平仮名で書けば「しわざ」となるはずであるが、全体を一つの語とみれば、「シワザ」の「ワ」は語中に位置する「ワ」なので、それに仮名字体〈八〉をあてたということであろう。しかし、〈八〉は仮名としては「は」であるので、「〈志八ざ〉」は平仮名に還元すれば「しはざ」ということになって、仮名遣いとしては誤っていることになる。すなわち、ここでは、「仮名文字遣い」が（いわば上位規定である）「仮名遣い」を超えたことになる。それだけ、「語中尾にあって「ワ」と発音される仮名には〈八〉を使う」という「仮名文字遣い」が根強く存在していたことが窺われる。

『落葉集』はイエズス会の宣教師たちによって作られた辞書であるが、当然日本人の協力者がいたことが予想され、『落葉集』がつくられた中世末期には、こうした「仮名文字遣い」ははっきりとしたかたちをとっていたと思われる。

二　一九〇〇年のできごと

小学校令施行規則

さてそれでは、改めて明治期の日本語に話題を戻して、この時期の仮名字体について見ていくことにしよう。この時期に、仮名字体に関して、決定的といってよいようなことがあった。

明治三三(一九〇〇)年八月二一日に、文部省令第一四号としてだされた「小学校令施行規則」の第一章「教科及編制」の第一節「教則」の第一六條には「小学校ニ於テ教授ニ用フル仮名及其ノ字体ハ第一号表ニ、字音仮名遣ハ第二号表下欄ニ依リ又漢字ハ成ルヘク其ノ数ヲ節減シテ応用広キモノヲ選フヘシ」、「尋常小学校ニ於テ教授ニ用フル漢字ハ成ルヘク第三号表ニ掲クル文字ノ範囲内ニ於テ之ヲ選フヘシ」とある。ここでは仮名に関わる第一号表を話題としたい。『改正小学校令』(明治四一年、修文館刊)から第一号表を図31として次に掲げる。

ヤ行が「やいゆえよ」、ワ行が「わゐうゑを」となっており、「ん」が平仮名の中に含められている。またガ・ザ・ダ・バの濁音行四行、半濁音行であるパ行が平仮名・片仮名ともに独立した行としてたてられている、など興味深い点があるが、今は仮名の字体に話題を絞る。この「第一号表」に掲げられた、平仮名・片仮名の字体は現在使用しているものと同じものである。

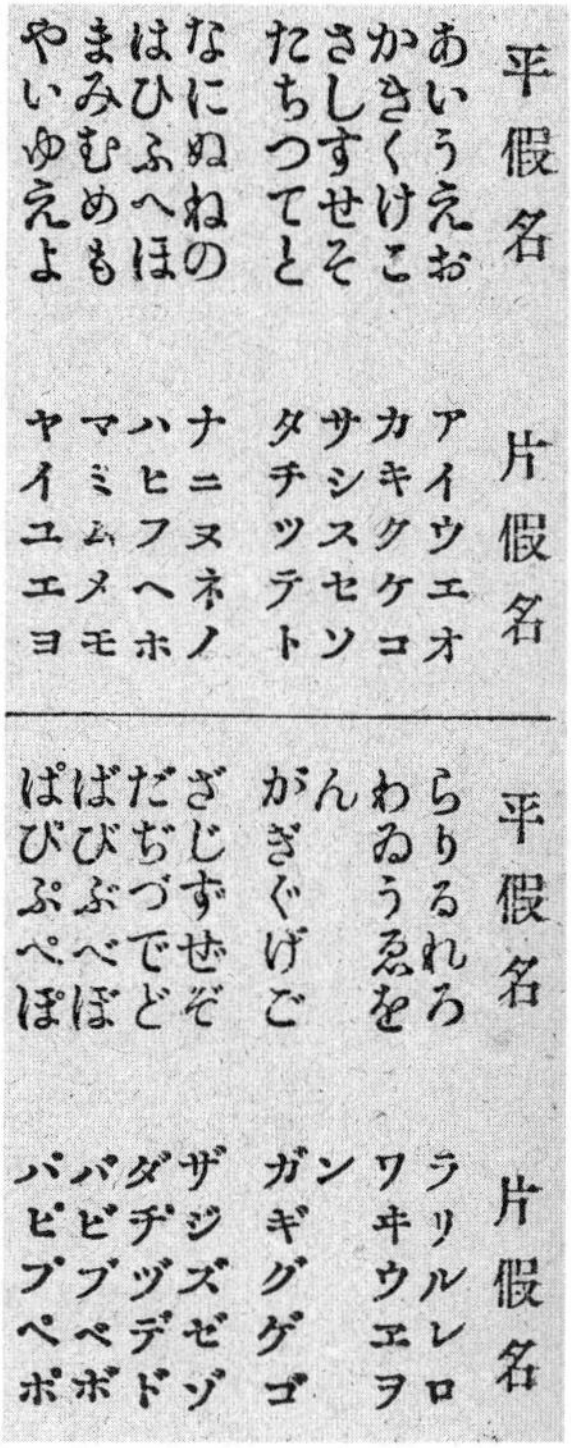

平假名	片假名	平假名	片假名
あいうえお	アイウエオ	らりるれろ	ラリルレロ
かきくけこ	カキクケコ	わゐうゑを	ワヰウヱヲ
さしすせそ	サシスセソ	ん	ン
たちつてと	タチツテト	がぎぐげご	ガギグゲゴ
なにぬねの	ナニヌネノ	ざじずぜぞ	ザジズゼゾ
はひふへほ	ハヒフヘホ	だぢづでど	ダヂヅデド
まみむめも	マミムメモ	ばびぶべぼ	バビブベボ
やいゆえよ	ヤイユエヨ	ぱぴぷぺぽ	パピプペポ

図31　第1号表

明治三三年以降、「第一号表」の仮名字体が小学校で教えられ、次第に標準的な仮名字体として定着していくことになる。そして、先にふれた〈志〉など、この「第一号表」に載せられていない仮名字体を「変体仮名」と呼ぶようになった。

ただし、手書きはいうまでもなく、活字印刷においても、「小学校令施行規則」がだされたからといって、一挙にその字体に統一されるはずもなく、統一までには相応の時間を要した。そもそも、いうまでもなく、「小学校令施行規則」は小学校における「教授」に関わる規則なのであって、あらゆる言語生活についてのものではなかった。

ひろまる統一規則

しかし、「第一号表」が図31のようなかたちで示されたことにはある程度の根拠、実績があったとみるのが自然であろう。つまり教育の場に限らず、一般的にみても、明治三三年頃には、「第一号表」に載せられている仮名字体に収斂しつつあったと想像することができる。すなわち、仮名字体の統一は徐々にではあっても、確実に進んでいったものと思われる。

明治四二年七月二五日に『朝日新聞』に掲載された夏目漱石『それから』六の三(第二九回)の一節を図32として次に掲げる。(引用は漱石新聞小説復刻全集『それから』(一九九九年、ゆまに書房刊)によった。) ここでは「へエエ」、「エエ」の「エ」に〈𛀁〉が使われている。これは「第一号表」に載せられていない字体、「変体仮名」である。しかしそれ以外には「変体仮名」は使われていないと思われる。

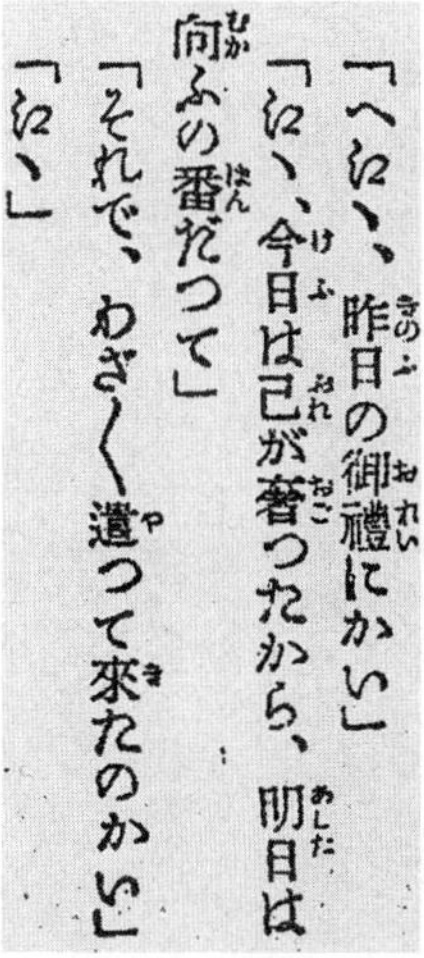
「へ𛀁ゝ、昨日《きのふ》の御禮《おれい》にかい」
「𛀁ゝ、今日《けふ》は己《おれ》が奢《おご》つたから、明日《あした》は向《むか》ふの番《はん》だつて」
「それで、わざ〱遣《や》つて來《き》たのかい」
「𛀁ゝ」

図32

漱石の『道草』は、大正四年六月三日から九月一四日まで、『朝日新聞』に掲載された。新聞に掲載された『道草』の中に、やはり〈𛀁〉が使用されているので、『朝日新聞』においては、大正初期まで、〈𛀁〉を使用していたことがわかるが、やはりそれ以外の「変体仮名」は使われておらず、明治四〇年頃から大正初期にかけての間に、仮名字体の統一は、特に活字印刷においては、かなり進んだことが予想される。

一方、手書きのテキストではどうだったであろうか。図33として、明治四〇年頃のごく一般的な手書きのテキストを掲げてみる。これは、同志社の学生が作っていた回覧雑誌『落葉』第二号(明治四〇年四月二三日発行)の「我柔術」と題された文章の一節である。

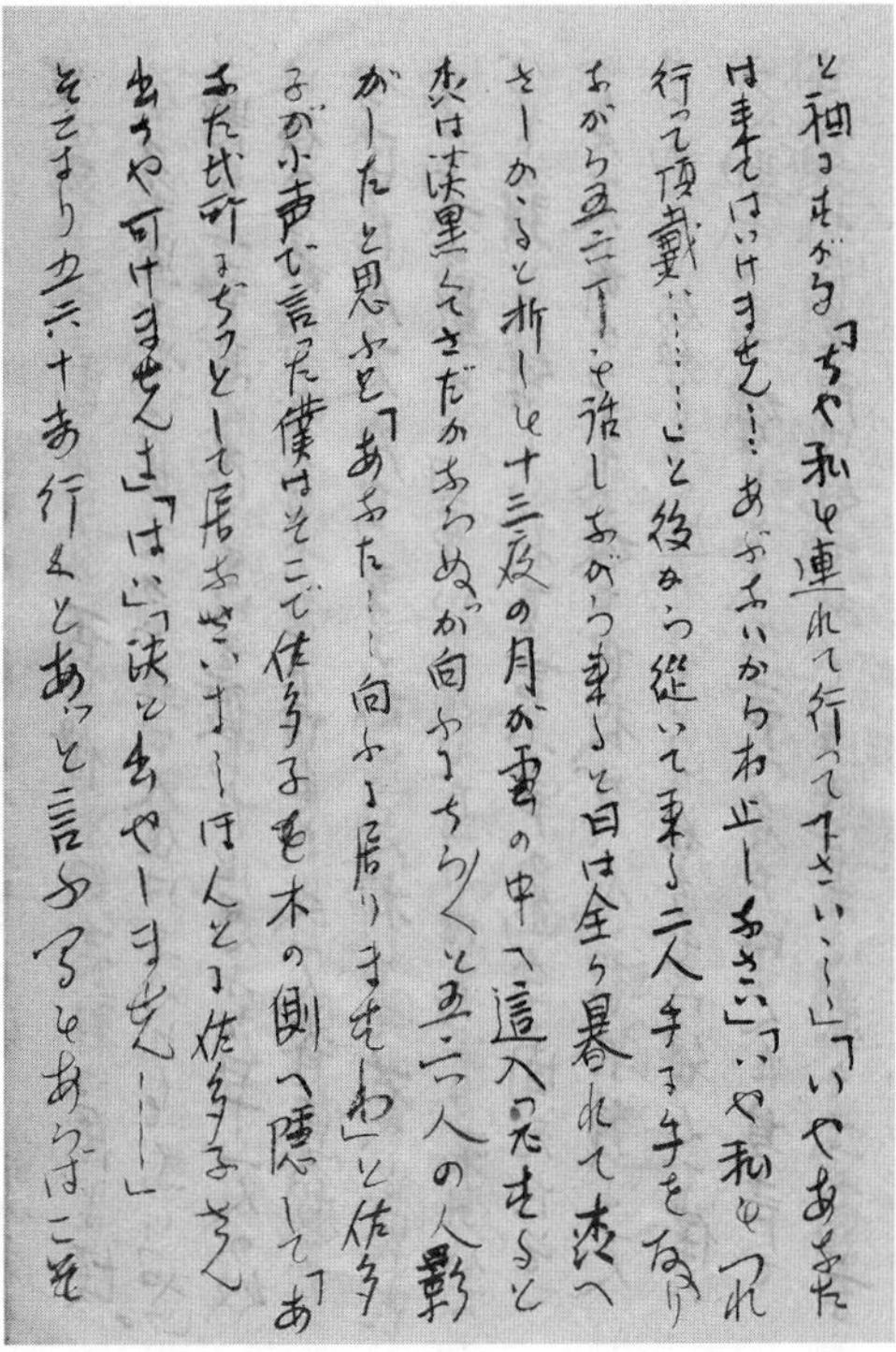
と袖にすがる「ぢや私を連れて行って下さい、、、」「いやあなた
は来てはいけません！！ あぶないから御止しなさい」「いや私をつれ
行って頂戴、、、、、」と後から従いて来る二人手に手をとり
ながら五六丁も話しながら来ると日は全く暮れて夜へ
さしかゝると折しも十三夜の月が雲の中へ這入ったかと
夜は漆黒くてさだかならぬが向ふにちらくと五六人の人影
がしたと思ふと「あなた、、、向ふに居りますわ」と佐多
子が小声で言った僕はそこで佐多子を木の側へ隠して「あ
なた此所にぢつとして居なさい、すこしほんとに佐多子さん
出ちや行けませんよ」「はい」「決して出やしません、、」
そこより五六十あるく行くとあっと言ふ声をあらばこそ

図33　回覧雑誌『落葉』

と袖にすがる「ぢや私も連れて行つて下さい……」「いやあなたは来てはいけません……あぶないからお止しなさい」「いや私もつれ行って頂戴い……」と後から従いて来る二人手に手を取りながら五六丁も話しながら来ると日は全く暮れて森へさしかゝると折しも十三夜の月が雲の中へ這入ったすると森は漆黒くてさだかならぬが向ふにちら々々と五六人の人影がしたと思ふと「あなた……向ふに居りますわ」と佐多子が小声で言った僕はそこで佐多子を木の側へ隠して「あなた此所にぢっとして居なさいよ……ほんとに佐多子さん出ちや可けませんよ」「はい」「決と出やしません……」そこより五六十歩行くとあッと言ふ間もあらばこそ

このテキストはなかなか興味深いもので、例えば、4行目にある「暮れて」の「暮」字は草冠のない字が書かれている、「森」は下に並ぶ「林」を省略した形で書かれているなど、手書きの漢字字形も興味深い。また促音を表わす「つ」は小さめに書かれている。11行目の「あッ」では片仮名字体が使われているなど、手書きのテキストから得られる情報は少なくない。だが、ここでは仮名字体のみに注目していきたい。1行目の「袖にすがる」の「に・す」には「変体仮名」が使われている。1行目の「私も」の「も」、「あなた」の「な」にも「変体仮名」が使われている。右では、「変体仮名」に傍線を施した。結局、この範囲では、「お・す・な・に・も」に「変体仮名」が使われているが、その他の仮名は「第一号表」に載せられている仮名が使われている。明治三三年に「第一号表」が示されたからといって、一気に仮名字体の統一が進んだというわけではないが、しかし、先にふれたように、仮名字体の自然な収斂を受けて明治三三年に「第一号表」が示されたとみれば、明治四〇年頃には、「変体仮名」は使用されなくなりつつあったとみることもできる。

さて、本章一節では、異体仮名をめぐる「仮名文字遣い」が中世期頃までに形成されていたことについて述べた。では明治期には「仮名文字遣い」はあったのだろうか。次節では、そのことについて見ていくことにしよう。

三　消えた「仮名文字遣い」

明治期の仮名文字遣い

図34として明治二年から三年にかけて刊行された『厚化粧万年島田』第三編下の最末尾の丁を掲げる。

○つゝまれぬわたし
がかくごを▲▲

おいのちをおすくひまうさで
おきませうかさ〈ハ〉いふものゝ身を
なげて〈志〉なふ
とまで
につき
つめた
に〈ハ〉ふかき
〈志〉さいが
ござり
ませう
△▲

▲▲き〈ハ〉めたも
まことをいへ〈バ〉
おまへのいもと
お百どのより
おこりしことト
きくにふたゝび
おどろく〈志〉ん助
そ〈ハ〉またなんの
〈志〉さいにてト

△▲
たとへ
にもいふ
ひざともだん
こうおつしやりにくいわけで
あらうとかねてきしつを
ごぞんじのわしにゐんりよ〈ハ〉
ござりますまいやうす
うちあけかう々々と

おつしやつたなら又
ひよつとよいふんべつが
あらうも〈志〉れぬ
つゝまずいふてくださり
ませト〈志〉んじつおもてに
あら〈ハ〉してとひかけられても
おはつ〈ハ〉なほさしうつむきて
〈志〉ばらく〈ハ〉いらへかねたる
ていなりしが〈志〉〈バ〉々々と〈ハ〉れて
たんそくなし＼此ことばかり〈ハ〉
こなさんにあけてい〈ハ〉れぬ
ことながら今〈ハ〉つつむに　◯

せ〈ハ〉しくと〈ハ〉れて
〈志〉か々々ト
おはつがいひだす
おもむき〈ハ〉
つぎの筋の
はじめにゆづり
まづ此まき〈ハ〉
めでたし
々々々々

右に、翻字を掲げたが、内容の理解を助けるために、現代仮名遣いに改め、漢字表記と句読点をとり入れたものも続けて掲げておく。

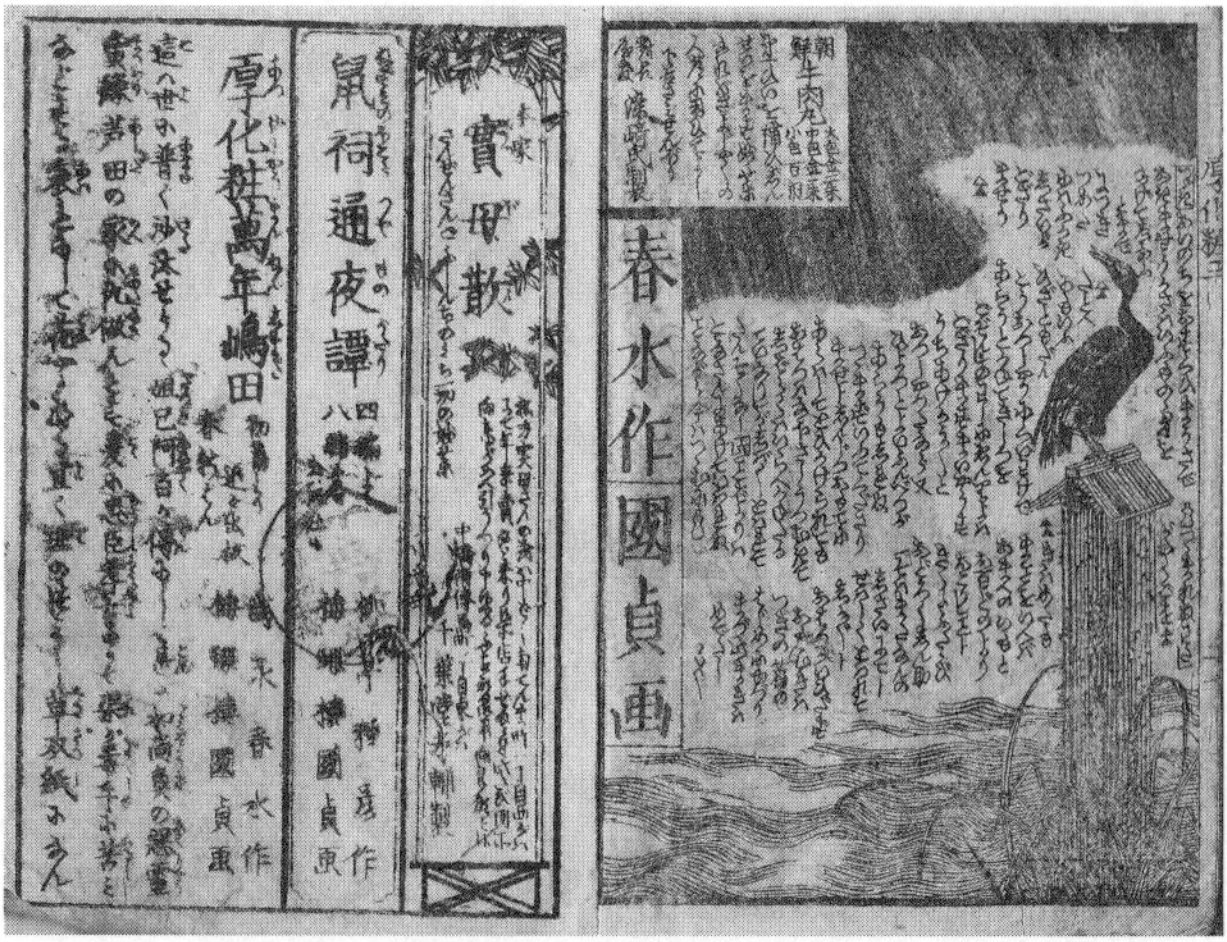

図 34 『厚化粧万年島田』第 3 編下最終丁

お命をお救い申さでおきましょうか。さは言うものの、身を投げて死のうとまでに突き詰めたには深き子細がござりましょう。たとえにも言う、膝とも談合。おっしゃりにくいわけであろうと兼ねて気質をご存じのわしに遠慮はござりますまい。様子打ち明け、こうこうとおっしゃったなら、又ひょっと良い分別があろうも知れぬ。包まず言うてくださりませと、真実面に現わして、問いかけられてもおはつはなお、さしうつむきて、暫くいらえかねたる体なりしが、しばしば問われて、嘆息なし、この事ばかりは、こなさんに明けて言われぬ事ながら、今は包むに包まれぬ。私が覚悟を極めたも、まことを言えば、お前の妹お百殿より起こりし事と、聞くに再び驚くしん助。そはまたなんの子細にてと、せわしく問われて、しかしかと、おはつが言い出す趣は、次の筋の初めに譲り、まずこの巻はめでたし、めでたし。

右の範囲では、〈ハ〉は「ワ」と発音する「は」に、〈バ〉は当然ではあるが、「バ」と発音する「は」に使われていて、一例の例外もない。ただし、「〈志〉〈𛂞゙〉らく」のように、「バ」と発音する「は」に〈𛂞゙〉が使われることはある。また〈志〉は行頭で四回、(行頭以外の)語頭で五回使われており、〈志〉が行頭・語頭以外の箇所で使われた例は一例もみられない。もちろん、テキスト全体にあたれば、例外を見出すことはできようが、「傾向」としてははっきりしている。つまり、中世末期頃までに形成された「仮名文字遣い」は、そのまま明治期の文献にもみてとることができる。

仮名字体の収斂

次に、図35は、明治三年に刊行された『新撰字類』という漢語辞書の四一丁表二行目から七行目までである。図の一行目の三番目「レイセイ(励精)」の語釈「シュッセイスル」、二行目冒頭「レッコウ(列侯)」の語釈「ショダイミョウ」、六行目冒頭の「レイリャク(領略)」の語釈「シメククル」の「シ」は〈志〉で書かれている。

『新撰字類』は収録した漢語を「いろは順」に配列してあり、検索のために、表紙見返しに図36に示したような「索引」が置かれている。「ぬ・ゐ・お・え」は「部立て」がされていないためにここにはみられない。これをみると、「そ」と「も」の形が現代とは少し異なり、「し」に〈志〉が配置されている以外は、「第一号表」に掲出されている平仮名字体であることがわかる。先には「「第一号表」が図31のようなかたちで示されたことにはある程度の根拠、実績があったとみるのが自然であろう」と述べたが、「いろは」に使われる仮名字体ということであれば、もっと早い時点で絞られていた可能性がたかい。

ただし、ここでは、「し」に〈志〉が置かれていることに注目したい。

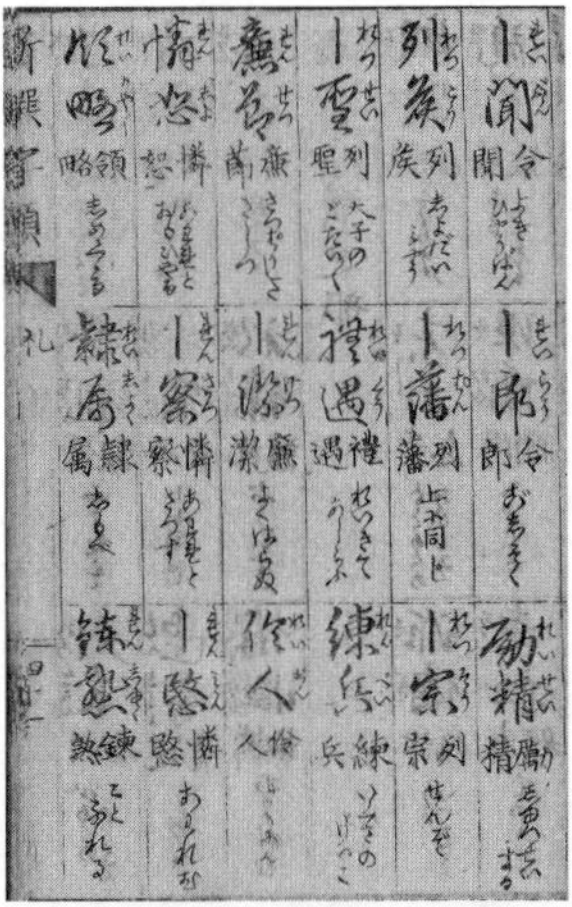

図35 『新撰字類』41丁表

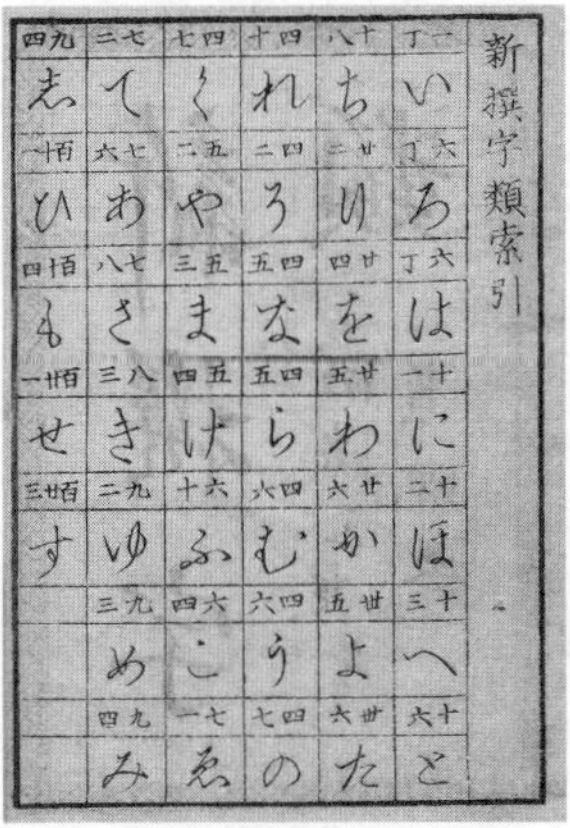

四九	二七	七四	十四	八十	丁一	新撰字類索引
し	て	く	れ	ち	い	
一卌百	六七	二五	二四	二廿	丁六	
ひ	あ	や	そ	り	ろ	
四佰	八七	三五	五四	四廿	丁六	
も	さ	ま	な	を	は	
一卌百	三八	四五	五四	五廿	一十	
せ	き	け	ら	わ	に	
三卌百	二九	十六	六四	六廿	二十	
す	ゆ	ふ	む	か	ほ	
	三九	四六	六四	五卌	三十	
	め	こ	う	よ	へ	
	四九	一七	七四	六卌	六十	
	み	ゑ	の	た	と	

図36 『新撰字類』表紙見返し

語頭に使われる〈志〉

図37は明治一八(一八八五)年に刊行された近藤真琴『ことばのその』の三四頁である。二四頁から四五頁までが「し」の部にあたる。図でわかるように、「ジネン(自然)に」という漢語と和語との混じった混種語、「ジのうつはもの」という混種語の漢語部分を片仮名で表示している。

一方、「し」で始まる和語の「し」にはすべて〈志〉があてられている。『ことばのその』においては、語釈は分かち書きされているが、見出し項目「シノビアリキ」の語釈「おのれ と しられ ぬ やう に ありく こと」の「し」にも〈志〉が使われており、「語頭には〈志〉を使う」ことが徹底していたことがわかる。

『ことばのその』では、漢語を片仮名で、和語を平仮名で表示するという「方針」を採っていると思われ、この時点で、仮名の種類と語種とを結びつけるということが行なわれていたことがわかる。このように、和語と漢語とを表記面で区別していたのは、『ことばのその』だけではない。

明治二四年に刊行を終えた『言海』は、「索引指南」の(十二)に「活字ノ用ヰ方ハ左ノ如シ」と記し、図38のように、使用する活字によって、和語と漢語とを表示し分けることを謳う。こ

しぬのめ ナ 篠群。 ちひさき たけ の むれ
しね ナ 稲。 いね ○にぎしね、あらしね など
ジネンに ヲゴト ソヘ 自然。 おのづから
しの ナ 篠。 しぬ （ナ の） に おなじ
ジのうつはもの ナ 瓷器。 つち を やきて つくり たる うつはもの
しのぐ ワ カナ 四 陵。 こえ て ゆく、をかす、ないがしろに なす
しのに ヲゴト ソヘ しげく
しのゝをふゞき ナ ゆきまぜ に ふく はげしき かぜ
しのゝめ ナ 凌晨。 よ の あけがた あけかゝる ころ
しのはこ ナ 清器。 ゆまり の はこ
しのびいる ワ カナ 四 深忍。 ふかく こゝろ の うち に かくしおく （おもふ こと を）
しのびありき ナ 潜行。 おのれ と しられぬ やう に ありく こと
しのびかぬ ワ カナ シモニ たへしのび がたく ある
しのびごと ナ 潜事。 ひと に しられぬ やう に する こと
しのびごと ナ 誄。 しに たる ひと の たま に むかひ て となふる かなしび の ことば
しのびこむ ワ カナ シモニ しのびいる に おなじ

図 37 『ことばのその』

（十二）活字ノ用ヰ方ハ左ノ如シ、（スベテ、引出ス言葉ニ就テイフ）

やま（山）かは（川）　此活字ナルハ和語ナリ。

きん（金）てつ（鐵）　此活字ナルハ漢語（字ノ音ノ語）ナリ。

アン（餡）パン（麺包）　此活字ナルハ唐音ノ語、其他ノ外國語ナリ。

あか-だひ（赤鯛）あめ-が-した（天下）しよく-だい（燭臺）アマ-デラ（尼寺）

此ノ如ク、假名ノ間ニ小キ筋（Dash.）アルハ、組立テタル言葉ト言葉トノ界ナリ、然レトモ、いしばひ（石灰）てん-か（天下）ノ如ク、一度ハ其間ニ界ヲ立ツレドモ、再ビ、いしばひ-いし（石灰石）いつ-てんか（一天下）ナドト出ヅルトキハ、いしばひ、又ハ、てんかノ間ニ、界ヲ立テズ。

あい-らし（可愛）あか-かうじ（赤柑子）アカ-どり（閼伽取）きん-カラ-かは（金唐革）アン-なし-まんぢゆう（無餡饅頭）ナドハ、和語、漢語、外國語ノ雑《マジリ》ナリ、活字ノつかひわけニテ知ルベシ。

ゑんじゆ（槐）きや-はん（脚半）くわ-し（菓子）チヨク（猪口）てつ-ぱう（鐵砲）カツパ（合羽）ナドト、假名ノ間ノ右ノ方ニ、小キ筋アルハ、促《ツマ》ル音ノ標《シルシ》ナリ。

さい-はひ《ワイ》（幸）けふ《キヨウ》（今日）ゐ-あひ《ヤイ》（居合）しや《ヨ》う-じ（障子）え《ヨ》う-せう《シヨ》（幼少）ナドト振假名アルハ、口ニテ呼ブ聲ノ標《シルシ》ナリ。

図 38 『言海』索引指南 12

れは語種への関心のたかさを示すと同時に、使用する活字も考慮していることを示す。

よく見るとわかるように、漢語には和語よりも少し扁平な活字が使用されている。「索引指南」を読まずに『言海』をひいているとわからないが、そのように意識すれば、活字の違いはわかるようになる。そして『言海』においては、片仮名によって「唐音ノ語、其他ノ外国語」を表示している。つまり、『ことばのその』では、平仮名を和語、片仮名を漢語にあてるというやりかたによって、和語と漢語との区別をし、『言海』においては、活字の種類を変えることによって、和語と漢語とを区別していることがわかる。

いずれにしても、和語・漢語（・外来語）といった語種の区別が（少なくとも辞書編纂者には）はっきりと意識されていたことが窺われる。第二章五節において、明治期を「和漢雅俗の世紀」と表現したが、「和漢雅俗」の前半「和漢」は日本語の歴史を通しての鍵であると考える。これまでにも本書において、折にふれて述べてきているが、日本語の歴史の半分ぐらいは、中国語との接触の歴史であるといってもよい。平安期まではいうに及ばず、鎌倉期、室町期、江戸期、それぞれの時期において、地域は異なっていたとしても、中国大陸の文化及び中国語との密度の濃い接触が展開していた。日本は、高度な中国文化と日本文化との対比、対照の中につねにあったといってもよく、そうした意味合いにおいて「和漢」は日本文化、日本語を考えるにあたってのキー・ワードといえよう。

そして、明治期には、この「和漢」ということが、まだはっきりと意識されていたと思われる。つまり、和語と漢語とがはっきりと、かつ強く結びついて、日本語の語彙体系を形成していたと考える。現代日本語においては、外来語を片仮名で書き、それ以外では平仮名を使う。『言海』においては、和語・漢語・外来語が鼎立していたわけであるが、現代日本語においては、和語と漢語との区別はほとんど意識されないし、表記上も区別しようとはしていない。

このように、和語と漢語という語種の意識が希薄になったということが、明治期から現代に至る間におこった大きな「事件」ではないだろうか。それは、漢語が漢語らしさを失ったということでもある。

『言海』の「し」の部の四四六頁を図39として掲げる。ここでも〈志〉が語頭に使われていることがわかる。和語である「シタガフ(従)」の「シ」に使われている活字と、漢語である「シタク(支度)」の「シ」に使われている活字とは異なる。また、「シタシク(親)」の最初の「シ」には〈志〉、二番目の「シ」には〈し〉が使われており、「シタジキ(下敷)」は「シタ+ジキ」という語構成と捉えられ、「ジキ」の「ジ」には濁点付の〈志〉があてられている。これは語頭及び語構成要素の先頭に〈志〉を使うということと思われる。したがって、少し大袈裟な言い方をすれば、『言海』には、中世末期以来の〈志〉をめぐる「仮名文字遣い」が「生きている」といえよう。また、森鷗外『うた日記』(明治四〇年九月一五日、春陽堂刊)においては、「変体仮名」としては〈志〉のみが、例えば「陸奥《みちのく》の　あたたらまゆみ　ひきしぼり　〈志〉ばし放《はな》たぬ　きみをしぞおもふ」(四二五頁)のように使われている。

しかし、改めていうまでもないことであるが、一つの仮名に使われる仮名字体が一つになれば「仮名文字遣い」は成立しなくなるのであり、先に述べたように、明治三三年に「第一号表」が示されてから、大正初期までの間に、原則的にこうした「仮名文字遣い」は姿を消した。

六四四

あたか

あたがつて (接) 随 〔あたがひてノ音便〕 夫レニ就キ
テ。就《ツイ》テ。因テ。(手紙ノ語)
あたがね (名) 〔用ヰ舊シタル物ヲ賣拂フヲあたトイフ〕
人家ノふるかねヲ買受クル商。
〔あたがひ (名) 〔下交ノ義ナラムト云〕 衣ノ下前《シタマヘ》ナラ
ムカ。シタガヘ。 緯《カトリ》ノ雛衣《ヒヒナギヌ》三ツ縫ヒタリ、あたがひドモニ
斯ウゾ書キタリケル」 唐衣、馴レニシツマヲ、打返シ、我
ガあたがひニテス由モガナ」
あたがふ・フ・ヘ・ム・ヒ・ヘ (自動)(規・一) 從 隨 〔下《シタ》ヲハタ
ラカス〕 (一)後《シリヘ》ニ附キテ行ク。伴ハル。(二)倣《ナラ》フ。眞似ル。
遵 (三)ソノ意ノ如クニテル。同意ス。 順 (四)ソノママニテル。
隨 (五)服從ス。降參ス。 服從
あたがふ・フ・フレ・ヘ・ヘ・ヘヨ (他動)(規・二) 從 他ヲ我ニ
從フヤウニナス。服從セサス。
〔あたがへ《エ》 (名) あたがひニ同ジ。「魂ノ、通フアタリニ、ア
ラネドモ、結ビヤセマシ、あたがへノツマ」
あたぎ (名) 下着 上衣《ウハギ》ノ下《シタ》、肌着ノ上ニ着ル衣。
中單
あたく (名) 支度 (一)物事ヲ用意シ調ヘ設クルヿ。
(二)衣服ヲ着調フルヿ。 結束 (三)食事ヲ調フルヿ。
餐
あたく (名) 私宅 ワタクシノ家《イヘ》。己ガ家。(官宅ニ對ス)
〔あたく・ク・ケ・カ・キ・ケ (他動)(規・一) 碎キ折ル。拉《ヒシ》グ。荒ラス。
「小ノ山ヤ、野風ニー、刈萱ノ、シドロニノミモ、亂レ散ルカ
ナ」鶯ノ、シダカム中ニ、梅ノ花、散リ殘ラナム、春ノ形
見ニ」蹈ミー」

あたく

したく (名) 自宅 己ガ家。我ガ家。
〔あたぐつ (名) 襪 〔下履ノ義〕 音便ニ、シタウヅ。束
帶ノ時ニ、靴《クワ》ノ下ニ用ヰル足袋ノ如キモノ、帛ニテ作ル。
〔あたくび (名) 胡 〔下頸ノ義ナラム〕 頤《アギ》ノ下《シタ》。
あたぐみ (名) 下組 豫テノ用意支度。
あたぐら (名) 下鞍 又、シツクラ。馬具ノ名、鞍ノ下ニ
テ馬ノ背ニ當ツルモノ、藁ニテ作リ、革ニテ面ヲ被フ。今、
切付《キツツケ》。 韉
あたごゝろ (名) 下心 心ニ、預メ期《ゴ》スルヿ。ココロガマヘ。
あたごしらへ《エ》 (名) 下拵 豫メ取リ設クルヿ。 準備
あたし・シキ・シケレ・シク・シク (形・二) 親 (一)血緣《チスヂ》近シ。(二)
交リニ隔テナシ。疎カラズ。ムツマジ。ネンゴロナリ。ココロヤス
シ。
あたし (名) 仕出 (一)シダスヿ。作リ出ダスヿ。(二)調《トトノ》
ヘテ送ルヿ。調進。(料理ナドニ)
あたじき (名) 下敷 物ノ下ニ敷ク物。
あたしく (副) 親 ミヅカラ。マノアタリニ。「ー行フ」「ー
見タリ」
あたじた (名) 下下 官ニ對シテ、世ノ民ドモ。人民。
シモジモ。「ーノ難儀」
あたした (副) 水ノ滴ル狀ニイフ語。ジトジト。
〔あたあたと (副) 萎《ナ》エテシナダルル狀ニイフ語。「練絹《ネリギヌ》ノ
ヤウニ、ーナリタル」
あたしみ (名) 親 シタシムヿ。交リニ隔テナキヿ。
あたしむ・ム・メ・ン・ミ・メ (自動)(規・一) 親 〔心染《シタシ》ムノ義〕
親シクス。心ニ隔テナク交ハル。ムツム。睦マジクス。ネンゴロニス。

あたし…… あたた

懇意ニス。ココロヤスクス。
あたしんず・ズル・ズレ・ゼン・ゼヨ (自動)(不規・三) 親 〔ホ六
しみすノ音便〕 あたしむニ同ジ。
サあたしもの (名) ひたしものノ訛。
あたす・ス・セ・サ・シ・セ (他動)(規・一) 仕出 (一)作リテ出
ダス。(二)調ジテ送ル。調進ス。(料理ナドニ)(三)營ミテ
大ニナス。「身代ヲー」
〔あたすだれ《トスダレ》 (名) 車帷 〔下簾ノ義〕 車ノ簾ノ内ニ懸
クル帷ニテ、白絹ニテ、裾濃《スソゴ》ナドナリト云。「尼ノ車、シリ
口ヨリ水晶《スヰサウ》ノ數珠、薄墨ノ袈裟、衣ナド、イミジクテ、
簾《スダレ》ハ上ゲズ、下スダレモ、薄色ノ、裾少シ濃キ」スダレ打
上ゲ、シタスダレ引上ゲテ載セ給フ」
あたずり (名) 下摺 版ヲ試ミニ摺ルヿ。 試刷
あたたか (副) 健 (一)シタタカニ。甚ダシク。「ー打タル」
(二)多ク。アマタ。「ーナル」
あたたかま (副) 健 嚴《イカ》ク。甚ダシク。甚ダ強ク。「御佩《ハカ》
刀ノ緒《シ》ヲ、シタタカニ結ビ垂レ」イト、シタタカナル、ミヅ
カラノ祝ヒ事ドモカナ」走リ出デムトシケレバ、シタタカ
ナル者ドモ、六八人シテ止メケルニ、其身ノ強キヿ言フバ
カリナシ」若キ人ハ、物ノ程知ラヌヤウニ侍ルコソ、ナドシ
タタカニ言フ聲ノ」
あたたかもの (名) 健者 剛《カウ》ノ者。勇士。(前條ヲ見
ヨ)
〔あたたみ (名) 小嬴了 細螺 介《カヒ》ノ名、きさごノ古名。
あたたむ・ム・ムル・ムレ・メ・メ・メヨ (他動)(規・二) 認 〔下認《シタト》ムノ
轉力〕 見留《ミト》ム。見極ハム。

図 39 『言海』446 頁

仮名文字遣いの痕跡

ところが、こうした「仮名文字遣い」の「痕跡」のようなものが、明治期のテキストにはみうけられる。

明治期に活字印刷されて出版されたテキストをみていると、ある種の「誤植」のようなものがひろくみられることに気付く。先に掲げた『日本之女学』には「僅かに」に「はづ」と振仮名を施した箇所が二箇所(二頁下段一一行目・三頁下段三行目)みられる。「僅かに」は「ワズカニ」という語を書いたものであると思われるので、振仮名は「わづ(かに)」とあることが期待されるが、ここでは「はづ」と書かれている。このように、仮名「わ」で書くべき箇所を仮名「は」で書いた例は多くのテキストにみられる。

明治二〇(一八八七)年に出版された『佳人才子流離奇談』を一つの例として採り上げてみる。同書には次のような例がみられる。異体仮名は〈ハ〉・〈ベ〉・〈志〉に限って表示した。

1 難事《なんじ》出來《しゆつたい》して如何《いか》んともする能《あた》〈ハ〉す願《ねがハ》く〈ハ〉一度《ひとたび》郎君《らうくん》の芝眉《しび》に接《せつ》して偏《ひと》へに穎慮《ゑいりよ》を煩《わづら》〈ハ〉さんと欲《ほつ》す請《こ》ふ郎君妾《らうくんせう》が身《み》を幸《さいわひ》に秋風《志うふう》と捨《す》て給《たま》〈ハ〉ずん〈ベ〉今夕《こんせき》八時《じ》を期《き》し湖邊《こへん》に玉歩《ぎよくほ》を枉《ま》げられよ

(二頁一一行目〜三頁二行目)

2 夏目《なつめ》谷《だに》に於《おい》て吉三郎を救《すく》ひたることより當時《とうじ》吉三郎か話《は》したるところ(八九頁一一行目)

3　嘗《かつ》て六右衛門の話《は》するところに依《よ》れ〈バ〉　（九五頁一〇行目）
4　過刻《くわこく》君吉田氏と懇話《こんハ》するところを遥《はる》か隔坐《かくざ》に熟視《じゆくし》して　（一四二頁二行目）
5　今資義が悉《くわ》しき事實の談話《だんハ》を聞《き》き　（一四三頁一〇行目）
6　小雪〈ハ〉始終《しじう》三人の話《わ》するところを聞了《きゝおハ》り　（一六五頁六行目）
7　此間《このあひだ》多《おほ》く記《しる》す可きの情話《ぜうハ》ありと雖ども紙数限《しすうかぎ》りあるを以《もつ》て省略《せうりやく》す　（一六六頁八行目）
8　衆《みな》此に積話《せきは》を散《さん》じて翌日隅田《すみだ》の花《はな》を見《み》て　（一六六頁九行目）
9　其迄《それまで》に至《いた》るの情話《ぜうわ》〈ハ〉別《べつ》に在《あ》り他日作出《たじつさくしゆつ》する時《とき》ある可《べ》し　（一六七頁三行目）

まず、例1では「アタワズ」「ネガワクワ」「ワズラワサン」「タマワズンバ」の「ワ」音に〈ハ〉が使われている。例1・3では助詞「バ」に〈バ〉、例6・9では助詞「ハ（ワ）」に〈ハ〉が使われており、「ワ」と発音する箇所に〈ハ〉、「バ」と発音する箇所に〈バ〉を使うという「傾向」がみられる。もちろんそうでない場合もあるが、これは、これまで述べてきたような「仮名文字遣い」がある程度は受け継がれていることを示していると考える。

「願《ねがハ》く〈ハ〉」においては、振仮名中に〈ハ〉が使われており、振仮名であっても、右のような「傾向」はあることがわかる。このテキスト全体では、例1「能《あた》〈ハ〉す」や「煩《わづら》〈ハ〉さん」という書き方から推測されるように、「古典かなづかい」を基調としていると思われる。しかし、例1「幸《さいわひ》」の振仮名「さいわひ」のように、「古典かなづかい」では「さいはひ」と書く語を、発音に引き付けた書き方をする場合もある。

例9では漢語「ジョウワ(情話)」を漢字で「情話」と書き、それに「ぜうわ」と振仮名を施す。「情話」の「字音かなづかい」は「ジャウワ」であるので、ここでの振仮名は「字音かなづかい」には一致していないことになる。それはそれとして、同じ漢語「ジョウワ(情話)」に例7では「ぜぅ〈ハ〉」と振仮名を施している。〈ハ〉は仮名「は」の一つの字体であることからすれば、「ぜぅ〈ハ〉」は「ぜぅは」である。「話」字の音は「ワ」であるので、「ワ」という発音を仮名「は」(の一字体である〈ハ〉)で書いた例にあたる。

「理屈」でいえばそうなるのだが、ここはそうではなくて、「発音「ワ」に異体仮名〈ハ〉をあてる」という「仮名文字遣い」が採られているとみるべきであろう。

例4の「懇話《こんハ》」、例5の「談話《だんハ》」の「こん〈ハ〉」、「だん〈ハ〉」も同様の例である。例6に「話《わ》する」とあるが、これが例3では「話《は》する」と書かれている。「コンワ(懇話)」や「ダンワ(談話)」の「ワ」は、(語構成上はそうみるのは適切ではないが)見かけ上は語尾に位置する「ワ」であるので、それに〈ハ〉をあててもそれほどおかしくはない。しかし、「ワ(話)スル」の「ワ」は語頭に位置しているので、これは仮名「わ」で書くはずであるが、そこに仮名「は」が使われた例ということになる。

これは間に一つのプロセスを想定するとわかりやすい。すなわち、本来は語中尾に位置する「ワ」音に対して〈ハ〉を使うという「仮名文字遣い」があったのであるが、「語中尾に位置する」という条件を超えて過剰にこの「仮名文字遣い」が行なわれるような傾向が、先に述べたように室町末期頃にすでにあった。明治期までこうした「傾向」は続いていたと思われる。その結果、「ワ(話)スル」の「ワ」のように、語頭に位置する「ワ」音にも〈ハ〉があてられることが少なくなかった。異体仮名〈ハ〉は、仮名「は」であることから、〈ハ〉=〈は〉という置き換えが行われると、もともとは「〈ハ〉する」と書かれていたものが、「〈は〉する」となることが生じ、それが例3のように現われてくる。

明治期の文献に、同様の例は少なからず見出すことができる。「妾《はらは》」(明治一九年刊『名将佳人遠征奇縁』四六頁六行目)、「東西《とうざい》の二つに分《はか》てり」(同前九〇頁三行目)、「鳳鳴《ほうな》き鸞和《らんは》し」(同前一一一頁三行目)、「今日諸君《こんにちしよくん》を煩《はすら》〈ハ〉したるは」(明治二一年刊『春告鳥』後編、二二頁九行目)、「僅《はづ》かに一命を助《たす》け」(明治二一年刊『烈女之勲功』二二頁五行目)、「是は私事《はたくしごと》ならねば是非《ぜひ》もなき事どもなり」(同前八〇頁一二行目)、「纔《はづか》に凌ぐ」(同前一二二頁四行目)、「愚《おろか》ものと笑《はら》ひ思《おぼ》さんが」(明治一九年刊『才子佳人奇遇之夢』九一頁一〇行目)、「纔《はづ》か十圓足《た》らずの月給《げつきう》にて」(明治二〇年刊『政海波瀾 官員気質』一二頁一〇行目)、「既《すで》に禍《はざわい》を醸《かもさ》んと欲《ほっ》す」(明治一九年刊『春雪奇談近世櫻田記聞』七三頁一行目)など、ひろくみられる。

しかし、こうした「仮名文字遣い」の「痕跡」さえも、現代においてはまったくみられない。一二世紀頃には、仮名には「異体仮名」があり、その中のあるものは、中世期頃には「仮名文字遣い」と呼ぶことができるようなある種の書き方を形成していた。それは明治期までは受け継がれていたが、その一方で、明治三三年の「第一号表」を契機として、「異体仮名」がなくなり、一つの字体に収斂していくに従い、「仮名文字遣い」もおおかたは姿を消す。明治期の文献にはその「痕跡」がみられるが、現代に至るまでの間に、「仮名文字遣い」は完全に消滅した。

こうしてみると、「第一号表」によって仮名の字体が一つに統一されたことの影響の大きさがわかる。異体仮名〈志〉が存在しないのだから、「仮名文字遣い」も存在するはずがない。

第五章　辞書の百年

——辞書を通してみた日本語の変化

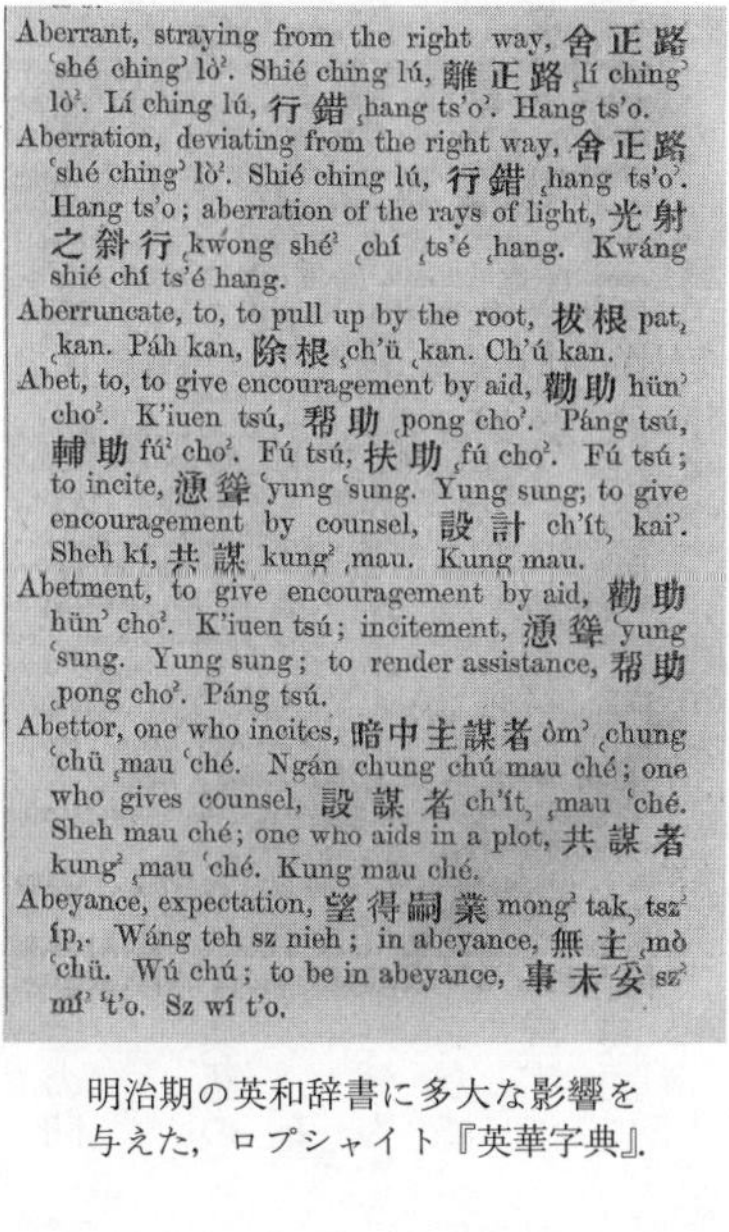

Aberrant, straying from the right way, 舍正路 ʻshé ching˒ lò^2. Shié ching lú, 離正路 ˓lí ching˒ lò^2. Lí ching lú, 行錯 ˓hang ts'o˒. Hang ts'o.

Aberration, deviating from the right way, 舍正路 ʻshé ching˒ lò^2. Shié ching lú, 行錯 ˓hang ts'o˒. Hang ts'o; aberration of the rays of light, 光射之斜行 ˓kwong shé^2 ˓chí ˓ts'é ˓hang. Kwáng shié chí ts'é hang.

Aberruncate, to, to pull up by the root, 拔根 pat˒ ˓kan. Páh kan, 除根 ˓ch'ü ˓kan. Ch'ú kan.

Abet, to, to give encouragement by aid, 勸助 hün˒ cho^2. K'iuen tsú, 帮助 ˓pong cho^2. Páng tsú, 輔助 fú^2 cho^2. Fú tsú, 扶助 ˓fú cho^2. Fú tsú; to incite, 慂聳 ʻyung ʻsung. Yung sung; to give encouragement by counsel, 設計 ch'ít˒ kai˒. Sheh kí, 共謀 kung^2 ˓mau. Kung mau.

Abetment, to give encouragement by aid, 勸助 hün˒ cho^2. K'iuen tsú; incitement, 慂聳 ʻyung ʻsung. Yung sung; to render assistance, 帮助 ˓pong cho^2. Páng tsú.

Abettor, one who incites, 暗中主謀者 òm˒ ˓chung ʻchü ˓mau ʻché. Ngán chung chú mau ché; one who gives counsel, 設謀者 ch'ít˒ ˓mau ʻché. Sheh mau ché; one who aids in a plot, 共謀者 kung^2 ˓mau ʻché. Kung mau ché.

Abeyance, expectation, 望得嗣業 mong^2 tak˒ tsz^2 ip$_2$. Wáng teh sz nieh; in abeyance, 無主 ˓mò ʻchü. Wú chú; to be in abeyance, 事未妥 sz^2 mí^2 ʻt'o. Sz wí t'o.

明治期の英和辞書に多大な影響を与えた，ロプシャイト『英華字典』.

一　英和辞書の訳語

辞書から追う日本語の語彙体系の変化

本書の最後に、辞書に載せられている語彙の変化を通して、百年前から現代に至るまでの間に、日本語の語彙全体にどのような変化が起きているのかを考えてみることにしたい。

結論を先取りしていえば、もっとも大きく変わったのは、日本語の語彙の中に占める漢語の位置であった。先にもふれたように、日本語の語彙の中には相当数の漢語が含まれている。そして「公」性を帯びた借用語として、漢語には、いわば特別な位置が与えられ続けてきた。もちろん漢字離れをして、漢語らしさを希薄にしていった漢語もあったが、それは漢語語彙のごく一部にとどまる。漢語に特別な位置が与えられていたことと、「日本語をできるだけ漢字で書きたい」という傾向があったこととは、表裏の関係にあると考える。ここでは、特に漢語に注目しながら、具体的に、辞書に載せられている語彙の変化をみていくことにしたい。

『英和字彙』の訳語

図40　『附音挿図 英和字彙』3頁

まず最初に、明治六（一八七三）年に柴田昌吉・子安峻両名によって編纂、出版された『附音挿図 英和字彙』（横浜日就社刊、以下『英和字彙』と呼ぶことにする）を見てみることにしよう。図40として、その三頁を、訳語を読みやすい向きにするために、右に九〇度横転させたかたちで掲げる。

図40上段の八番目の見出し項目は「Aberration」であるが、その訳語は「歪斜《ヒヅミ》、横道《ワウダウ》、邪心《ヨコシマ》、錯誤《アヤマリ》、過失《オチド》」である。また上段一六番目「Abhorrence」の訳語には、「憎悪《ニクシミ》、忌諱《イヤガリ》、嫌厭《キラヒ》、怨恨《ウラミ》」、下段五番目「Ability」の訳語には「才能《ハタラキ》、聰明《サトヤコト》、威力《イキホヒ》、技藝《ワザ》、力量《チカラ》、精巧《タクミ》」とある。

この『英和字彙』という辞書は、中国で出版された、ロプシャイトの『英華字典』（一八六六～一八六九年刊）を参照して作られていることがこれまでに指摘されている。だが、「参照」といっても、すべての見出し項目がそのままロプシャイトの『英華字典』に依拠しているわけではない。

『英華字典』で「Aberration」にあたると、訳語としては「舎正路」「行錯」が示され、「Abhorrence」にあたると、訳語として「憎悪」とあり、「Ability」にあたると、訳語として「才能」「伎能」「能幹」「聡明」「本領」「本事」「技藝」が示されている。つまり、右の範囲でいえば、『英和字彙』の「Abhorrence」の訳語の第一番目に置かれた「憎悪《ニクシミ》」や、「Ability」の訳語の「才能《ハタラキ》」「聰明《サトキコト》」「技藝《ワザ》」は、『英華字典』を参照した可能性がたかい。『英華字典』においては、訳語「憎悪」「才能」「聡明」「技藝」は、いうまでもなく、それぞれ中国語（＝漢語）「ゾウオ」「サイノウ」「ソウメイ」「ギゲイ」を表わしている。

ここで着目しておきたいのは、『英和字彙』は『英華字典』の中国語＝漢語のすべてを「そのまま訳語として採り入れる」ことはしていないということである。例えば、『英和字彙』の見出し項目「Aberration」にみられる訳語「横道《ワウダウ》」は漢語「オウドウ（横道）」を表わしていることになる。〈本来の正しい道からはずれているさまであること〉という語義をもつ漢語「オウドウ」は、室町期に成立した辞書である『節用集』黒本本《くろもとぼん》にも「横道《ワウダウ》」（二九ウ一行目）とみえ、また『日葡辞書《にっぽじしょ》』にも、「Vŏdŏ　よこしまの道。生活や身持ちが道にはずれていること」とあり、室町期にはよく使われていた漢語であったと思われる。

一方、『英和字彙』の「憎悪《ニクシミ》」「才能《ハタラキ》」「聡明《サトキコト》」「技藝《ワザ》」は、原理的にみれば、それぞれ和語「ニクシミ」「ハタラキ」「サトキコト」「ワザ」を表わしていることになる。

ふたつの「翻訳」

右で指摘した、『英華字典』から持ち込まれた可能性がある「ゾウオ(憎悪)」「サイノウ(才能)」「ソウメイ(聡明)」「ギゲイ(技藝)」を、室町時代語の専門辞書である『時代別国語大辞典　室町時代編』全五巻(一九八五〜二〇〇一年、三省堂刊)であたってみると、「サイノウ」「ソウメイ」「ギゲイ」は見出し項目として採られている。つまり、室町期に使われていた漢語であることが確認できる。「ゾウオ」は『時代別国語大辞典　室町時代編』には見出し項目として採られていないが、室町期に成立した文献での使用を確認することができる。すなわち、これらの語は、どれもが日本語の語彙体系の中にすでに定着している漢語であった。そうであっても、『英和字彙』は「ゾウオ」という漢語ではなく、「ニクシミ」という和語を、「サイノウ」という漢語ではなく、「ハタラキ」という和語を訳語としていることになる。

ここには、「漢語を訳語として(『英華字典』から)そのまま採り入れる」ことを避け、「できるだけ和語を訳語とし、その和語を漢字で書く」という意識がはたらいていると理解したい。すなわち、『英和字彙』は、「横道《ワウダウ》」のように、訳語となっている中国語＝漢語が、ある程度は日本語の語彙体系内に定着している場合は、中国語＝漢語をそのまま訳語にしているが、多くの場合は、和語を新たに訳語としてたてているということである。

例えば、『英華字典』にあった訳語「サイノウ（才能）」を『英和字彙』が訳語としてとりこむに際して、漢語「サイノウ」は、室町期から使われていた漢語なのであるから、漢語のまま取り込むこともできた。しかし『英和字彙』は、そうはしないで、「ハタラキ」という和語を訳語とし、その和語「ハタラキ」を漢字「才能」で書いたとみたい。

実際は、漢字で書かれている『英華字典』の訳語「才能」を取り込み、それに「ハタラキ」という振仮名を付けたということとみるのが自然なのであろうが、原理的には右に述べたようなことになる。つまり、『英和字彙』の訳語のかたちをみる限り、英語を日本語に翻訳するという「翻訳」の他に、そこには「中国語＝漢語を和語に翻訳する」という、もう一つの「翻訳」プロセスがあったということである。英語に中国語＝華語を対置させた「英華辞書」を傍らに置いていたとすれば、真の意味合いで「英和辞書」を名乗るためには、英に和を対置させる必要があった。中国語＝華語を訳語としてそのまま受け入れているのでは「英華辞書」のダイジェスト版を作っていることになる、という意識が鮮明にあったのではないだろうか。

第二版での変化

明治六年に刊行された『英和字彙』は、明治一五(一八八二)年に第二版、増補訂正版が出版される。辞書冒頭に置かれた「英和字彙第二版緒言」によれば、初版に、「凡ソ一萬餘言挿圖一百餘箇」を増補したという。図41として、第二版の三頁を掲げてみる。図でわかるように、第二版では、訳語を横組みとし、振仮名を使っていない。初版には「才能《ハタラキ》、聡明《サトキコト》、威力《イキホヒ》、技藝《ワザ》、力量《チカラ》、精巧《タクミ》」とあったが、第二版の「Ability」の訳語は「才能。聡明。才幹。威力。技藝。能所。力量。精巧」とある。つまり、初版を起点としてみれば、初版の訳語に「才幹」と「能所」の二つの訳語が加えられ、振仮名がはずされていることになる。しかし、第二版を独立したものとみれば、第二版には「振仮名を使わない」という「方針」があったとみることができる。

「威力《イキホヒ》」の振仮名をはずして「威力」とあれば、それは漢語「イリョク」を書いたものとみるのがもっとも自然である。初版の「威力《イキホヒ》」は先に述べたように、和語「イキオイ」を漢字「威力」で書いたものとみたいので、そうであれば、初版は和語「イキオイ」を訳語とし、第二版は漢語「イリョク」を訳語としていることになる。これは、辞書にとって、大きな改訂になる。

実際は第二版は「振仮名を使わない」という「方針」を採用したために、初版の振仮名をは

ABE ABL 3
Abetment (a-bet′ment), n. 煽動。慫慂。勸助
Abettor (a-bet′ėr), n. 煽動者。共謀者
Abeyance (a-bā′ans), n. 待望。中絶 In abeyance. 主ナキ
Abgregate (ab′grē-gāt), vt.; Abgregated, pp.; Abgregating, ppr. 群ヲ離ス
Abgregation (ab′grē-gā″shon), n. 群ヲ離スコ
Abhor (ab-hor′), vt.; Abhorred, pp.; Abhorring, ppr. 憎ム。嫌フ。厭フ。忌ム。嫌惡スル
Abhorred (ab-hord′), a. 嫌忌サレタル。憎惡サレタル
Abhorrence (ab-hor′rens), n. 憎惡。忌諱。嫌厭。怨恨。恐忌
Abhorrent (ab-hor′rent), a. 惡キ。醜キ。違ヘル。悖レル。背ケル。相反セル
Abhorrently (ab-hor′rent-li), adv. 憎ミテ。嫌フテ。逆フテ。恨ミテ
Abhorrer (ab-hor′ėr), n. 憎惡者
Abib (a′bib), n. 猶太暦ノ第一月
Abide (a-bīd′), vi.; Abode, pret. and pp.; Abiding, ppr. 住ム。止マル。寓居スル。淹留スル。居住スル。固執スル
Abide (a-bīd′), vt. 待ツ。忍ブ。耐フル。扶クル。受クル。堪忍スル Afflictions abide me. 艱難將ニ我ニ臨ントス To abide the consequences. 當ニ關係ヲ受クベシ
Abiding (a-bīd′ing), a. 恒ノ。永久ノ。連綿ノ
Abiding (a-bīd′ing), n. 連綿。在住。堪忍。定着
Abidingly (a-bīd′ing-li), adv. 恒ニ。永ク。連綿ト
Abies (ab′i-es), n. 栂《ツガ》(松柏科)
Abilities (a-bil′li-tis), n. pl. 天禀ノ才
Ability (a-bil′li-ti), n. 才能。聰明。才幹。威力。技藝。能所。力量。精巧
Ab initio (ab in-i′shi-o), adv. 最初ヨリ。當初ヨリ
Abintestate (ab-in-tes′tāt), a. 死シテ遺書ナキ
Abject (ab′jekt), a. 賤シキ。低キ。棄ツベキ。無用ノ。貶スベキ。輕視スベキ
Abject (ab′jekt), n. 小人。賤者
Abject † (ab-jekt′), vt.; Abjected, pp.; Abjecting, ppr. 棄ツル。卑シム。貶ス。輕視スル
Abjection (ab-jek′shon), n. 投棄。卑賤。小氣。鄙吝。無道。奸邪
Abjectly (ab′jekt-li), adv. 賤シク。低ク。屈ミテ
Abjectness (ab′jekt-nes), n. 卑賤。鄙吝
Abjuration (ab-jū′rā″shon), n. 誓絶。誓棄。誓拒。棄絶
Abjuratory (ab-jū′ra-tō-ri), a. 誓棄スベキ。誓絶スベキ。棄絶スベキ
Abjure (ab-jūr′), vt.; Abjured, pp.; Abjuring, ppr. 誓棄スル。誓拒スル。棄絶スル To abjure a religion. 誓テ宗教ニ背ク
Abjurer (ab-jūr′ėr), n. 誓絶者
Ablactate (ab-lak′tāt), vt.; Ablactated, pp.; Ablactating, ppr. 斷乳スル
Ablactation (ab′lak-tā″shon), n. 離乳《チハナレ》。接木法
Ablaqueate (ab-lak′kwē-āt), vt.; Ablaqueated, pp.; Ablaqueating, ppr. 根ヲ露ス
Ablaqueation (ab-lak′kwē-ā″shon), n. 露根
Ablation (ab-lā′shon), n. 脱除。取去。通氣《子ザラシ》。截除
Ablative (ab′lat-iv), a. or n. 取去レル。奪格(拉丁文法ノ第六格)
Ablaze (a-blāz′), adv. 燃エテ。火勢熾ンニ
Able (ā′bl), a. 能フ。巧ナル。堪フル。威權アル。適當ナル。壯健ナル。才力アル。勇敢ナル。伶俐ナル To be not able. 能ハス
Able-bodied (ā′bl-bod′ēd), a. 逞シキ。强健ナル
Ablegate † (ab′le-gāt), vt.; Ablegated, pp.; Ablegating, ppr. 發遣スル。外國ニ遣ハス
Ablegation † (ab′le-gā″shon), n. 發遣。外國ニ遣スコ
Ablen, Ablet (ab′len, ab′let), n. 河魚ノ名
Ableness (ā′bl-nes), n. 器量。威力。才能。聰明。技藝
Ablepsy (a-blep′si), n. 失明。盲
Abler (ā′bl-ėr), a.; comp. of Able. 倚巧ミナル。倚適當ナル
Ablest (ā′bl-est), a.; superl. of Able. 極テ巧ナル。極テ適當ナル
Abligate † (ab′li-gāt), vt.; Abligated, pp.; Ab-
ch, chain; j, job; g, go; ng, sing; TH, then; th, thin; w, wig; wh, whig; zh, azure; † obsolete.

図41 『英和字彙』第2版3頁

ずしただけのことであったかもしれない。しかし、振仮名をはずしたために訳語が理解できなくなってしまったのでは辞書として成り立たないことになる。振仮名をはずしても辞書としては成り立つという判断はあったはずで、そうだとすれば、初版が刊行された明治六年から第二版が刊行された明治一五年の間に、かなりの数の漢語が日本語の語彙体系内に位置を占めたことになる。

さらに、この第二版は明治二〇年に第二版の再版が刊行されている。次に図42として、やはり三頁を掲げる。図でわかるように、「Ability」の訳語は、「才能ハタラキ。聡明サトキコト。才幹サイカン。威力キリヨク。技藝ワザ。能所ノウシヨ。力量リキリヤウ。精巧タクミ」となっており、漢字の後ろに振仮名にあたるものを添えている。初版には「威力《イキホヒ》」とあったが、ここでは「威力キリヨク」とある。

これまで述べてきた「道筋」に従って、これについて説明すれば、明治六年に出版された初版では訳語として「イキオイ」を置き、それに漢字「威力」をあてた。明治一五年に出版された第二版では、訳語として漢語「イリョク(威力)」を置いた。明治二〇年に出版された第二版の再版では、やはり漢語「イリョク」を訳語とした。つまり、この語については、漢語「イリョク」が定着していったことがみてとれることになる。

一方、他の訳語はまた違う「事情」を示している。初版に「才能《ハタラキ》」とあることからすれば、

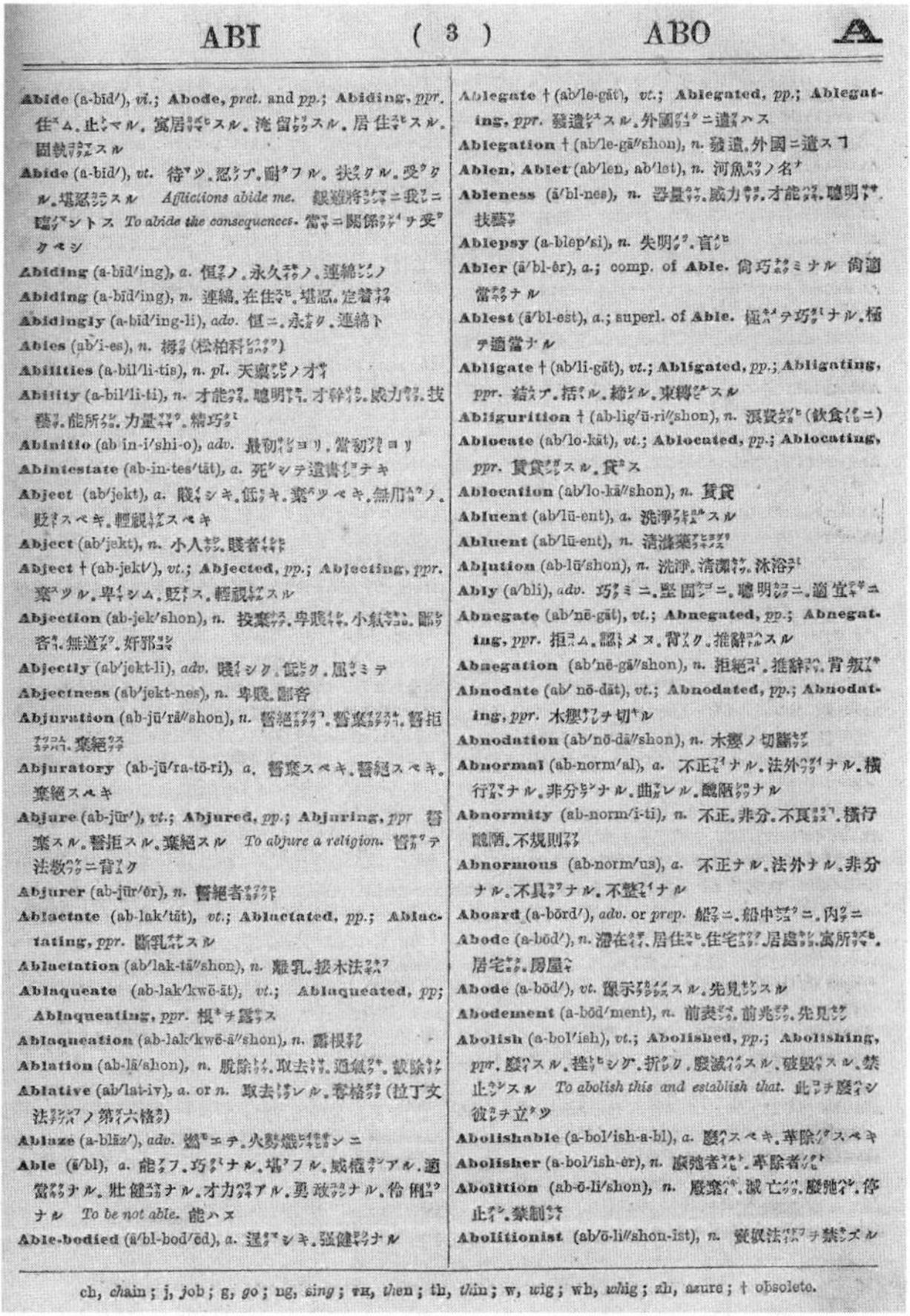

ABI　(3)　ABO　A

Abide (a-bīd′), *vi.*; **Abode,** *pret.* and *pp.*; **Abiding,** *ppr.* 住ム。止マル。寓居スル。淹留スル。居住スル。固執スル

Abide (a-bīd′), *vt.* 待ツ。忍ブ。耐フル。扶クル。受クル。堪忍スル　*Afflictions abide me.* 艱難将ニ我ニ臨マントス　*To abide the consequences.* 當ニ關係ヲ受クベシ

Abiding (a-bīd′ing), *a.* 恒ノ。永久ノ。連綿ノ

Abiding (a-bīd′ing), *n.* 連綿。在住。堪忍。定着

Abidingly (a-bīd′ing-li), *adv.* 恒ニ。永ク。連綿ト

Abies (ab′i-es), *n.* 樅(松柏科)

Abilities (a-bil′li-tis), *n. pl.* 天禀ノ才

Ability (a-bil′li-ti), *n.* 才能。聰明。才幹。威力。技藝。能所。力量。精巧

Abinitio (ab in-i′shi-o), *adv.* 最初ヨリ。當初ヨリ

Abintestate (ab-in-tes′tāt), *a.* 死シテ遺書ナキ

Abject (ab′jekt), *a.* 賤シキ。低キ。棄ツベキ。無用ノ。貶スベキ。輕視スベキ

Abject (ab′jekt), *n.* 小人。賤者

Abject † (ab-jekt′), *vt.*; **Abjected,** *pp.*; **Abjecting,** *ppr.* 棄ツル。卑シム。貶ス。輕視スル

Abjection (ab-jek′shon), *n.* 投棄。卑賤。小氣。鄙吝。無道。奸邪

Abjectly (ab′jekt-li), *adv.* 賤シク。低ク。風ミテ

Abjectness (ab′jekt-nes), *n.* 卑賤。鄙吝

Abjuration (ab-jū′rā″shon), *n.* 誓絶。誓棄。誓拒。棄絶

Abjuratory (ab-jū′ra-tō-ri), *a.* 誓棄スベキ。誓絶スベキ。棄絶スベキ

Abjure (ab-jūr′), *vt.*; **Abjured,** *pp.*; **Abjuring,** *ppr* 誓棄スル。誓拒スル。棄絶スル　*To abjure a religion.* 誓テ法敎ニ背ク

Abjurer (ab-jūr′ėr), *n.* 誓絶者

Ablactate (ab-lak′tāt), *vt.*; **Ablactated,** *pp.*; **Ablactating,** *ppr.* 斷乳スル

Ablactation (ab′lak-tā″shon), *n.* 離乳。接木法

Ablaqueate (ab-lak′kwē-āt), *vt.*; **Ablaqueated,** *pp*; **Ablaqueating,** *ppr.* 根ヲ露ス

Ablaqueation (ab-lak′kwē-ā″shon), *n.* 露根

Ablation (ab-lā′shon), *n.* 脱除。取去。遁缺。截除

Ablative (ab′lat-iv), *a.* or *n.* 取去ラレル。奪格(拉丁文法ノ第六格)

Ablaze (a-blāz′), *adv.* 燃エテ。火勢熾ンニ

Able (ā′bl), *a.* 能フ。巧ナル。堪フル。威權アル。適當ナル。壯健ナル。才力アル。勇敢ナル。伶俐ナル　*To be not able.* 能ハヌ

Able-bodied (ā′bl-bod′ėd), *a.* 逞シキ。强健ナル

Ablegate † (ab′le-gāt), *vt.*; **Ablegated,** *pp.*; **Ablegating,** *ppr.* 發遣スル。外國ニ遣ハス

Ablegation † (ab′le-gā″shon), *n.* 發遣。外國ニ遣スコト

Ablen, Ablet (ab′len, ab′let), *n.* 河魚ノ名

Ableness (ā′bl-nes), *n.* 器量。威力。才能。聰明。技藝

Ablepsy (a-blep′si), *n.* 失明。盲

Abler (ā′bl-ėr), *a.*; comp. of **Able.** 倘巧ミナル 倘適當ナル

Ablest (ā′bl-est), *a.*; superl. of **Able.** 極メテ巧ナル。極テ適當ナル

Abligate † (ab′li-gāt), *vt.*; **Abligated,** *pp.*; **Abligating,** *ppr.* 結ブ。括ル。締ル。束縛スル

Abligurition † (ab-lig′ū-ri″shon), *n.* 濫費(飲食ニ)

Ablocate (ab′lo-kāt), *vt.*; **Ablocated,** *pp.*; **Ablocating,** *ppr.* 賃貸スル。貸ス

Ablocation (ab′lo-kā″shon), *n.* 賃貸

Abluent (ab′lū-ent), *a.* 洗淨スル

Abluent (ab′lū-ent), *n.* 清滌藥

Ablution (ab-lū′shon), *n.* 洗淨。清潔。沐浴

Ably (a′bli), *adv.* 巧ミニ。堅固ニ。聰明ニ。適宜ニ

Abnegate (ab′nē-gāt), *vt.*; **Abnegated,** *pp.*; **Abnegating,** *ppr.* 拒ム。認メヌ。背ク。推辭スル

Abnegation (ab′nē-gā″shon), *n.* 拒絶。推辭。背叛

Abnodate (ab′ nō-dāt), *vt.*; **Abnodated,** *pp.*; **Abnodating,** *ppr.* 木瘿ヲ切ル

Abnodation (ab′nō-dā″shon), *n.* 木瘿ノ切斷

Abnormal (ab-norm′al), *a.* 不正ナル。法外ナル。横行ナル。非分ナル。曲レル。醜陋ナル

Abnormity (ab-norm′i-ti), *n.* 不正。非分。不具。横行醜陋。不規則

Abnormous (ab-norm′us), *a.* 不正ナル。法外ナル。非分ナル。不具ナル。不整ナル

Aboard (a-bōrd′), *adv.* or *prep.* 船ニ。船中ニ。内ニ

Abode (a-bōd′), *n.* 滯在。居住。住宅。居處。寓所。居宅。房屋

Abode (a-bōd′), *vt.* 豫示スル。先見スル

Abodement (a-bōd′ment), *n.* 前表。前兆。先見

Abolish (a-bol′ish), *vt.*; **Abolished,** *pp.*; **Abolishing,** *ppr.* 廢スル。挫シグ。折ク。廢滅スル。破毁スル。禁止スル　*To abolish this and establish that.* 此ヲ廢シ彼ヲ立ツ

Abolishable (a-bol′ish-a-bl), *a.* 廢スベキ。革除スベキ

Abolisher (a-bol′ish-ėr), *n.* 廢弛者。革除者

Abolition (ab-ō-li′shon), *n.* 廢棄。滅亡。廢弛。停止。禁制

Abolitionist (ab′ō-li″shon-ist), *n.* 賣奴法ヲ禁ズル

ch, *chain*; j, *job*; g, *go*; ng, *sing*; ᴛʜ, *then*; th, *thin*; w, *wig*; wh, *whig*; zh, *azure*; † obsolete.

図 42 『英和字彙』第 2 版再版 3 頁

これは訳語となっている和語「ハタラキ」に漢字「才能」をあてたものであることになる。第二版には「才能」とあるので、これは漢語「サイノウ」が訳語であることになり、第二版の再版では「才能ハタラキ」とあるので、訳語が再び和語「ハタラキ」になったことになる。

ここでは二つの例を採り上げたが、ここで採り上げた例のみから何かを判断することには慎重であるべきであろう。しかし、初版、第二版、第二版の再版を精密に対照することによって、明治二〇年頃までの日本語の語彙体系内における語の「動き」を窺う緒は摑めると予想する。

二　漢語辞書から考える

漢語辞書に載せられている漢語

明治二年に刊行され、後に続く漢語辞書に多大な影響を与えた『漢語字類』という漢語辞書がある。漢語辞書とはその名のとおり、漢語を見出し項目とした辞書で、明治期にはかなりの点数が刊行された。その『漢語字類』の「耳ノ部」冒頭を図43として掲げる。

左端に「聴(=聡)」字の項目がみえているが、「聴」字を頭字とする漢語が次のように、並んでいる。図の次の丁まで記事は続く。

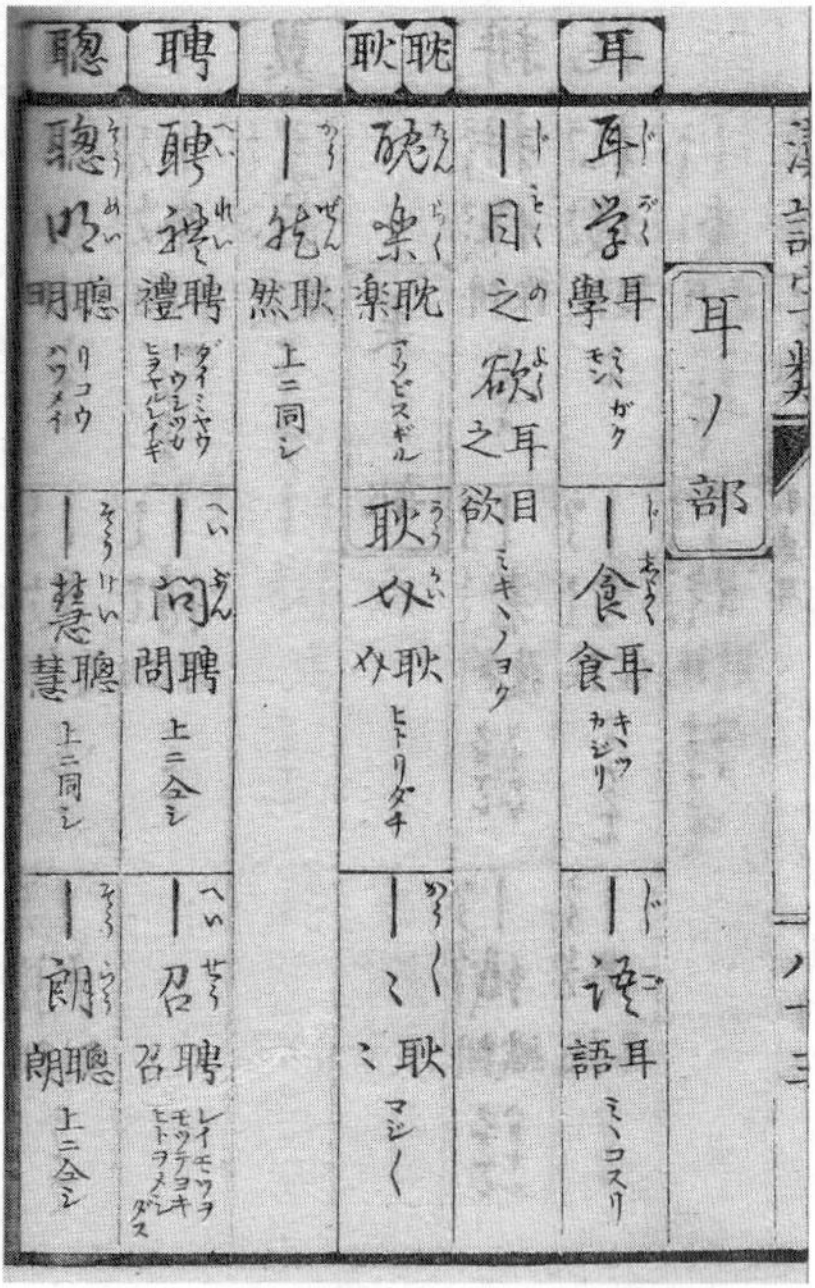

図 43 『漢語字類』83 丁裏

聰明《そうめい》　リコウ　ハツメイ　聰慧《そうけい》　上ニ同シ　聰朗《そうらう》　上ニ同シ
聰叡《そうゑい》　上ニ同シ　聰敏《そうびん》　上ニ同シ　聰穎《そうゑい》　上ニ同シ
聰悟《そうご》　上ニ同シ　聰察《そうさつ》　上ニ同シ

ここには「ソウメイ」から「ソウサツ」まで八つの漢語が掲出されているが、語釈はすべて

「リコウ　ハツメイ」であることになる。語釈を書き入れる枠、すなわち「格」の大きさが限られているということはあろうが、これは結局、見出し項目としている複数の漢語の語義の違いを説明しようとはしていないものと思われる。中国語としてみれば、つまり「中国語規範」に従えば、語義が異なっていても、その中国語を漢語として借用する日本語の語彙体系内においては、中国語としての語義の違いをさほど考えなくてもよいということはあろう。『漢語字類』は、収録した漢語が「日本語の語彙体系の中で使われる」ことを念頭において編纂されている。少し表現を換えれば、日本語の語彙体系内に借用されている漢語を登載するというはっきりとした意識の下に編まれていると思われる。そうした意味合いにおいて、「実際的」な辞書であったと考えたい。

語釈からわかること

明治期に刊行された漢語辞書においては、先ほどのように、中国語では語義の異なる複数の漢語に、「上に同じ」というような語釈が附けられていることが少なくない。このことについてさらに考えてみたい。『漢語字類』からさらに幾つかの例を表1として示しておく。(引用にあたって、振仮名は漢字の下に丸括弧に入れて添えておくことにする。)

表1

1	依頼(いらい)	タヨリニスル	依憑(いひやう)	上ニ同シ	10丁表2行目
2	入港(にふかう)	イリフネ	入津(にふしん)	上ニ同シ	13丁裏3行目
3	周圍(しうい)	マワリ	周邊(しうへん)	上ニ同シ	15丁表5行目
4	功績(こうせき)	テガラ	功勲(こうくん)	上ニ同シ	
	功業(こうげふ)	上ニ同シ			18丁裏3行目
5	勉力(べんりよく)	セイヲダス	勉勵(べんれい)	上ニ同シ	
	勉彊(べんきやう)	上ニ同シ			19丁表3行目
6	大概(たいがい)	オホカタ	大畧(たいりやく)	上ニ同シ	
	大凡(たいはん)	上ニ同シ	大抵(たいてい)	上ニ同シ	28丁裏2行目
7	奇計(きけい)	フシギナテダテ	奇謀(きぼう)	上ニ同シ	
	奇策(きさく)	上ニ同シ			29丁表3行目
8	忠実(ちうじつ)	ジツイヲツクス	忠誠(ちうせい)	上ニ同シ	37丁裏7行目
9	悲歎(ひたん)	シウシヨウスル	悲傷(ひしやう)	上ニ同シ	39丁表4行目
10	懇願(こんぐわん)	ワリナキネガヒ	懇祈(こんき)	上ニ同シ	40丁表6行目
11	懇款(こんかん)	ネンゴロ	懇切(こんせつ)	上ニ同シ	40丁表6行目
12	斟酌(しんしやく)	ミハカラヒ	斟量(しんりやう)	上ニ同シ	46丁表6行目

13	査検(さけん)	ギンミスル	査照(させう)	上ニ同シ	
	査看(さかん)	上ニ同シ	査点(さてん)	上ニ同シ	
	査閲(さゑつ)	上ニ同シ			50丁裏4行目
14	権勢(けんせい)	イセイ	権柄(けんぺい)	上ニ同シ	
	権要(けんゑう)	上ニ同シ			52丁表6行目
15	潜伏(せんふく)	カクレシノブ	潜蔵(せんざう)	上ニ同シ	58丁表6行目
16	生産(せいさん)	ナリワヒ	生活(せいかつ)	上ニ同シ	
	生理(せいり)	上ニ同シ			64丁裏2行目
17	畏服(いふく)	オソレイル	畏縮(いしゆく)	上ニ同シ	65丁表1行目
18	称嘆(しようたん)	ホメタヽヘル	称讃(しようさん)	上ニ同シ	
	称揚(しようやう)	上ニ同シ			70丁裏5行目
19	簡易(かんい)	テガル	簡畧(かんりやく)	上ニ同シ	
	簡約(かんやく)	上ニ同シ	簡便(かんべん)	上ニ同シ	75丁表2行目

13を例にしてみる。現在刊行されている、現代中国語の辞書にあたってみると、「サケン〔査検〕」の語義は〈書籍・雑誌などを調べる、点検する〉、「サショウ〔査照〕」の語義は〈(公文書用語で)ご了承ください〉、「サカン〔査看〕」の語義は〈調べる、じっくり調査する〉、「サテン〔査点〕」

の語義は〈数を調べる、点検する〉、「サエツ(査閲)」の語義は〈書類や文献を調べる〉などとあり、語義に違いがある。しかし、例えば「サテン(査点)」の語義を〈(数を)調べる〉、「サエツ(査閲)」の語義を〈(書類や文献を)調べる〉ととらえ、丸括弧内を除けば、両語とも語義は〈調べる〉ということになる。

つまり、丸括弧内が「サテン(査点)」「サエツ(査閲)」の「点」「閲」に関わって、両語がもつ語義の具体性、すなわち、それぞれの語が用いられる具体的な対象を表わし、それを除いた〈調べる〉が「査」に関わって、両語がもつ語義の共通性を示すことになる。日本語の「シラベル」はそもそも「何を」ということを語義として含まないので、中国語のもつ具体性を捨象してしまえば、その「シラベル」は、中国語よりも、よりひろく抽象的な語義をもつ語として、複数の中国語＝漢語と結びつくことになる。

右のように考えれば、複数の漢語の具体的な語義の違いに注目して日本語の語彙体系内に取り込もうとしているのでなければ、複数の漢語を、一つの日本語と対応させて理解するという、その「漢語の理解のしかた」は自然なものであると考える。

明治期の漢語の実態

『漢語字類』のように、見出し項目としては、複数の漢語を掲出しながら、語釈においては語義の違いを示さず、「上ニ同シ」あるいは「同上」などとしている漢語辞書は多い。

明治七年に刊行された、長崎出身の津江左太郎編『漢語註解』は、「凡例」に「単語ノ義概ネ相類似シテ頭字ノ同ジキモノハ之ヲ一行中ニ挿入シ合シテ訓解ヲ下タス」とあり、意図的に、複数の漢語に一つの「訓解」を与えている。図44として「大」の一部を掲げる。三行目下段には、「タイガイ(大概)」「タイホウ(大方)」「タイハン(大凡)」「タイテイ(大抵)」「タイリャク(大畧)」の五つの漢語が一つの「格」にまとめられ、それに「オホカタ」という語釈が施されている。表1の例6と同じ語にさらに「タイホウ(大方)」が加わっているが、四つの漢語の語義を「オオカタ」ととらえている点は共通している。「査」をみると、「サショウ(査照)」「サエツ(査閲)」「サケン(査検)」「サテン(査點)」の四つの漢語が一つの「格」にまとめられ、「ギンミスル」という語釈を与えられている。『漢語字類』にみられた「サカン(査看)」はみられないが、これもほぼ同様の理解を示しているといえよう。

図44 『漢語註解』28丁表

これまでに指摘はされていないが、『漢語註解』が『漢語字類』を参照している可能性も考える必要はある。しかし、そうしたことがあったとしても、『漢語註解』の編者が認めたからこそ、『漢語註解』の記事があるのであって、そう考えれば、こうした「漢語の理解」のしかたは明治期にひろくあったものと考えてよい。

そして、漢語辞書の見出し項目は、明治期に流通していた漢語のいわば「リスト」にあたり、語釈は、その「流通していた漢語」がどのように理解されていたかという「実態」を示しているともいえ、漢語辞書を精密に観察することによって、明治期の日本語の語彙体系内において、漢語がどのような位置を占めていたかを探る手がかりを得ることができる。

漢語語彙の変遷

このようなかたちで「流通」していた明治期の漢語が、その後の日本語の語彙体系の中で、どのような変遷をたどったか、辞書を通してみてみたい。

先ほどの、本章二節の表1で採り上げた漢語をもとにして表2を作成した。それぞれの漢語の上に、『言海』(明治二二～二四年刊)・『和漢雅俗 いろは辞典』(明治二二年刊)・『岩波国語辞典』第七版新版(二〇一一年刊)・『日本国語大辞典』第二版(二〇〇〇～二〇〇二年刊)に、(漢語辞書に示されている語釈のような語義をもつ)見出し項目として採られている場合には○、そうでない場合には×を附した。近代的な国語辞書の嚆矢として名高い『言海』に見出し項目として採られているかどうかにまずあたり、『言海』と同じ年に刊行され、漢語を多く載せることで知られている『和漢雅俗 いろは辞典』を次に、そして現代刊行されている小型の国語辞書として『岩波国語辞典』を、現代刊行されている大規模な国語辞書として『日本国語大辞典』第二版を採り上げた。

表２

1	×〇〇〇畏服　イフク	××〇〇畏縮　イシュク	
2	〇〇〇〇依頼　イライ	×××〇依憑　イヒョウ	
3	〇〇〇〇簡易　カンイ	〇〇〇〇簡畧　カンリャク	〇〇〇〇簡便　カンベン
4	〇〇〇〇奇計　キケイ	×××〇奇謀　キボウ	×〇〇〇奇策　キサク
5	〇〇〇〇権勢　ケンセイ	〇〇〇〇権柄　ケンペイ	〇××〇権要　ケンヨウ
6	〇〇〇〇功績　コウセキ	×〇×〇功勲　コウクン	〇〇〇〇功業　コウギョウ
7	〇〇〇〇懇願　コンガン	×××〇懇祈　コンキ	
8	×××〇懇款　コンカン	××〇〇懇切　コンセツ	
9	×〇×〇査検　サケン	×〇×〇査照　サショウ	×××〇査看　サカン
10	×〇××査点　サテン	×〇〇〇査閲　サエツ	

11	○○○○周圍 シュウイ	○○○○周邊 シュウヘン	
12	××○○称嘆 ショウタン	○○○○称讃 ショウサン	○○○○称揚 ショウヨウ
13	○○○○斟酌 シンシャク	×○×○斟量 シンリョウ	
14	○○○○生産 セイサン	○○○○生活 セイカツ	×××○生理 セイリ
15	○○○○潜伏 センプク	×○×○潜蔵 センゾウ	
16	○○○○大概 タイガイ	○○○○大畧 タイリャク	×○×○大凡 タイハン
17	○○○○大抵 タイテイ		
18	×○○○忠実 チュウジツ	×○○○忠誠 チュウセイ	
19	×○○○入港 ニュウコウ	×○×○入津 ニュウシン	
20	○○○○悲歎 ヒタン	×○○○悲傷 ヒショウ	

四番目の欄の『日本国語大辞典』第二版は相当に規模の大きな国語辞書であるので、右に掲げた漢語のほとんどすべてが見出し項目として採られている。したがって、あくまでも参考ということで表に組み入れたが、それでも、「サテン(査点)」は見出し項目とされていない。

消えていった漢語

表2にもどると、『日本国語大辞典』第二版を除く三つの辞書に載せられていない、すなわち×××○となっている漢語が幾つかみられる。こうした漢語は、漢語辞書には載せられているが、明治期の国語辞書には登載されず、また現代も使われていない漢語であるとみてよいであろう。例2を使って説明すれば、「イライ(依頼)」と「イヒョウ(依憑)」との二つの漢語が、同じような語義をもつ漢語として『漢語字類』に載せられている。このうち、「イライ(依頼)」は『言海』にも『和漢雅俗 いろは辞典』にも載せられ、かつ現代の国語辞書にも載せられている。つまり、明治期においても使われ、現代まで使われ続けている漢語であることになる。一方、「イヒョウ(依憑)」は『言海』にも『和漢雅俗 いろは辞典』にも載せられず、現代の国語辞書にも載せられていない。同じような語義をもつ二つの漢語は、いったんは漢語辞書の見出し項目となったが、二つともがよく使われたわけではなかったことが予想される。日本語の語彙体系内で、あまり語義差を考えなくてよいような、同じような語義をもつ漢語は結局は複数存在しなくてもよいことになり、次第に「淘汰」されて使用される語が絞られていくのは当然のなりゆきといってよい。

×○×○・○××○となっている漢語は、『言海』・『和漢雅俗 いろは辞典』のいずれかに見出し項目として採られているが、現代刊行されている小型の国語辞書には載せられていないことになる。一つ一つの漢語の歴史を丹念に追う必要はあるが、やはりこうした語は次第に使用されなくなっていったとまずは考えることができる。

明治期には、見出し項目が一万を超える、すなわち漢語を一万以上も載せる漢語辞書も幾つか刊行されている。しかし、明治期に出版された漢語辞書に載せられている漢語だから、明治期によく使われていた漢語だろうと予想し、そこから明治期は漢語がよく使われたと即断することには慎重でありたい。漢語辞書には、頼山陽《らいさんよう》『日本外史』(一八二七年成立)などに使われている漢語が取り込まれている可能性がこれまでに指摘されているが、そうした具体的なテキストを探っていくと同時に、大枠としては、何らかのみちすじを通って、古典中国語がかなり取り込まれていることを予想しておきたい。明治期の辞書にも、現代の辞書にも載せられていない漢語が、どのようなみちすじを通って漢語辞書に持ち込まれるに至ったのかということを明らかにするのは今後の課題である。

漢語の画期

古典中国語のすべてが日本の文献に姿を現わすわけではもちろんない。また『日本国語大辞典』第二版は、いかに大規模な国語辞書であったとしても、国語辞書であることからすれば、使用例を採取している文献にはある傾きがあろう。漢文やそれにちかい文献からの採取もかなり行なわれていると覚しいが、それでも網羅はできないことは当然である。実際には日本語の中で使用されていた、あるいは使用される可能性があった古典中国語が、明治期前後の日本語の「状況」を契機として、大量に浮かび上がってきたのが、明治期の文献ではないのだろうか。それは、残されている文献の質や量にも関わることではあるが、先に述べたような、収録語数が一万を超えるような漢語辞書は、日本語の語彙体系内に潜在的に存在した漢語の「可能性」を示しているとみたい。

そうした古典中国語に加えて、江戸期からは「話しことば」を含む近代中国語が日本語の語彙体系内に流入してきており、明治期はやはり漢語語彙が(一時的に)膨脹していたといえよう。これは「連続相」の中での「膨脹」である。そしてこれまで述べてきたように、そこから漢語は「淘汰」され整理され始めたと考える。その「収斂」のプロセスはきわめて興味深い。「淘汰」や整理は明治の末年、大正期をむかえるまでにほぼ終了しているのではないだろうか。そうだとすれば、そこに画期があることになる。

三　和語・漢語・外来語

本章では、ここまで、英和辞書、漢語辞書、国語辞書を使って、漢語を軸とした日本語の語彙体系の変化ということについて考えてきた。最後に、さらに和語、外来語までを視野に入れ、明治期に「和語・漢語・外来語」がどのように結びついて語彙体系を形成していたのか、そしてそれが現代に至る間にどのように変化してきたのかということについてみておきたい。

漢語ではない中国語

本書ではここまで特に断らずに述べてきたが、中国から流入したことばのすべてが狭義の「漢語」、すなわち「(書きことばとしての)古典中国語」ではない。本書一四二頁でふれたように、明治二四年に刊行を終えた『言海』は、「唐音ノ語、其他ノ外国語」が見出し項目である場合には、見出し項目を片仮名によって表示している。そして、和語と漢語とでは、使用する活字を変えている。「唐音」は、「入宋した僧などが伝えた事物の名称に用いられた漢字音」「江戸時代に伝わった中国語音」(『新明解国語辞典』第四版、一九九一年、三省堂刊)を指すことが多いが、「呉音・漢音」以外の中国語音の総称とみてよい。『言海』は、「呉音・漢音」で構成されている語は「漢語」とみており、つまり「唐音」で構成されている語、それはまぎれもなく中国語であるが、それを「漢語」と区別している、あえていえば「漢語」とみていないということになる。

『言海』のフの部に見出し項目「フシン(普請)」がある。そこには「字の宋音」とあって、語釈の(一)として、「元ハ、僧家ニテ、普ク諸人ニ請《コ》ヒテ、造営ノ事ヲ成スコト」とあり、

(二)として、「転ジテ、家ヲ建テ城ヲ築キ橋ヲ架《ワタ》スナド一切ノ事。作事。建築　土木」とある。現代において、「フシン」はよく使われる語ではなくなっているかもしれないが、使われない語ではない。「改定常用漢字表」においては、「請」字に関して、まず片仮名で「セイ」と示し、例として三つの漢語「請求・請願・申請」を掲げる。そして、「ヤイ」よりも一字下げて「シン」と示し、例として「普請」が掲げられている。一字下げについては、「表の見方及び使い方」において、「一字下げで示した音訓は、特別なものか、又は用法のごく狭いものである」と述べられている。「フシン」は紛れもない中国語であり、かつ借用されて日本語の語彙体系内に位置を占めていると思われるが、『言海』はそれを「漢語」とはみなかったということになる。

　先に述べたように、「唐音」(によって構成される語)は、その内実がさまざまであるので、一つの概念として纏めることが難しいが、あえて纏めるとすれば、書きことばとしての古典中国語ではない中国語ということになろうか。中国語においては、「書きことば」を「文言《ぶんげん》」、「話しことば」を「白話《はくわ》」と呼ぶが、幾分なりとも「白話」的な語、また四書五経に代表される中国古典である経《けい》書で使われない語、といった傾きをもつ語といえよう。とすれば、『言海』を編纂した大槻文彦には、いわば由緒正しい「漢語」と、そうでない中国語との区別がはっきりとみえていたことになる。

和語と漢語との緊密な結びつき

結局、『言海』は、見出し項目を表示するにあたって、和語と漢語とを平仮名の使用活字を変えることによって区別し、「唐音で構成される語＋外国語」を片仮名で表示して区別している。平仮名と片仮名とは文字種として異なるのであり、そのことからすれば、「和語＋漢語」をひとまとまりのもの、「唐音で構成される語＋外国語」をひとまとまりのものとみていたことになる。それはそれで筋の通ったこととみえる。古典中国語＝漢語は、はやくから日本語の語彙体系内に位置を占めてきている。外国語である漢語が「日本語の語彙体系内に位置を占める」というのは、和語との関係の下に、ということであって、そうした意味合いにおいて何らかの結びつきを形成している「和語＋漢語」は、明治期においては、現在想像するよりも緊密なまとまりをもっていたと思われる。まさしく「和漢の世紀」である。

例えば、明治二一年に刊行された『漢英対照 いろは辞典』をみてみる。「アラマシ」にあたると、そこには「あらまし(副)荒増、概畧、有増、大畧、大概、大抵、おほよそ For the most part, mostly.」とある。和語「アラマシ」の語釈中に、「タイリャク(大略)」「タイガイ(大概)」「タイテイ(大抵)」という漢語が置かれている。『言海』においては、「アラマシ」の語釈に「オホカタ。タイテイ。大抵」とある。ここでは「アラマシ」が和語「オホカタ」で説かれているが、同時にやはり漢語「タイテイ」によっても説かれている。したがって、両辞書が編纂された明治二〇年頃において、和語「アラマシ」は和語「オオカタ」及び漢語「タイリャク」「タイガイ」「タイテイ」によって理解されていたことになる。今「理解」と表現したが、「和語を漢語によって理解する」ということがあった。そうした「理解」は当然、和語と漢語との結びつきに基づいたものということになる。

同じ『漢英対照　いろは辞典』によって「タイリャク」「タイガイ」「タイテイ」にあたると、それぞれの語釈には「大畧、あらまし、概畧、ほぼ、おほよそ」「大概、おほむね、おほよそ、あらまし」「大抵、あらまし、おほよそ、大概」(いずれも英語を略して引用した)とある。いずれの語釈にも和語「アラマシ」が含まれており、これら三つの漢語も和語「アラマシ」によって理解されていることがわかる。この場合は、「漢語を和語によって理解する」ことになる。つまり、和語「アラマシ」は漢語「タイリャク」「タイガイ」「タイテイ」によって理解され、漢語「タイリャク」「タイガイ」「タイテイ」は和語「アラマシ」によって理解されるという、いわば双方向的な理解が形成されていることがわかる。「双方向的な理解」は緊密な結びつきということでもある。

現代においては、漢字については漢和辞典にあたり、日本語については国語辞典にあたることが一般的である。国語辞典の「国語」には当然漢語も含まれているが、よほど大規模な国語辞書でなければ、どうしても登載される漢語の数は限られてくる。大規模な国語辞書であっても、そうした傾向はある。漢和辞典は字を単位として見出し項目にしているので、見出し項目となっている字の條下には、その漢字を使った語が掲げられている。したがって、そこに漢語が収められている。しかし、多くの漢和辞典において、そこで採り上げられる漢語は、古典中国語が中心となっている。本書でふれた近代中国語は採り上げられていないことが多い。近代中国語は、江戸期から明治期にかけて日本語の中にとりこまれ、現代も使われていることが少なくない。漢語もいうまでもなく外来語であるが、欧米語と区別しているのは、それだけ日本語の語彙体系内に確かな位置を占めているからと思われる。せっかくそうした意識があるのであれば、和語の情報に加えて、近代中国語をも含めた漢語を充分に登載し、そうした漢語の日本における使用実態を情報として登載した、「和語＋漢語」を総体として捉えた日本語辞書というものが編纂されることを望みたい。

外来語の占める位置

『言海』巻末近くに附録されている「言海採収語…類別表」によれば、キ部には一二五六語が収められており、その中、和語が四五四語、漢語が六三五語、和漢熟語が一四〇語で、外来語は一五語、混種語一二語で、外来語の内訳は、唐音語が四語、西班牙(スペイン)語・蘭(オランダ）語・英語が各二語、梵語・韓語・蝦夷語・南蛮語・仏語が各一語とされている。しかし、実際には片仮名で表示されている見出し項目の中に英語は見出すことができず、蘭語は次に示すように三語見出すことができるが、それはそれとする。

スペイン語由来の語として見出し項目になっているのは、「キャル」「キリシタン」、オランダ語由来の語として見出し項目になっているのは、「ギヤマン」「ギヤマンテ」「ギュルデン」、フランス語由来の語として見出し項目になっているのは「キログラム」である。これらの外来語の中で、例えば『岩波国語辞典』第七版新版が見出し項目としているのは、「キセル」「キリシタン」「ギヤマン」である。「キログラム」は「キロ」というかたちで見出し項目となっている。明治期の国語辞書と現代刊行されている国語辞書とにおいて、見出し項目としている外来語が異なるのはむしろ当然で、このこと自体は驚くことではない。しかし、明治初期を「文明開化」ということばと結びつけてとらえた時に、西洋文化とともに、日本語の中に急激に西洋語が入ってきた、という「図式」を描くことはないだろうか。西洋語が入ってきたということと、西洋語が日本語の語彙体系内に位置を占めたということとは違うことがらである。先にも少しふれたように、実際には西洋語の姿のままで、すなわち外来語として日本語の語彙体系内に位置を占めた西洋語は明治二〇年頃では案外と少ないということには注目しておきたい。西洋語は、先に述べたような、「緊密な結びつき」を形成している「和語」と「漢語」とによって、つまり日本語によって、「翻訳」されて理解されていたと思われる。

外来語の理解

本書一五三頁で採り上げた、明治六年刊『英和字彙』初版によって「dock」にあたってみると、そこには「船槽《フネイレ》、造船所《フネツクリバ》、修船所《フネノシユリバ》」とある。ロプシャイトの『英華字典』で同じように「dock」にあたってみると、まず英語で「a place for building or repairing ships」とあり、中国語としては「船凹」「船槽」「修船之處」「装船之處」とある。明治二〇年に刊行された『英和字彙』第二版の再版で「dock」にあたると、そこには「船渠。船塢。船槽フネイレ。造船所フネツクリバ。修船所フネノシユフクバ」とある。「センキョ（船渠）」「センオ（船塢）」はいずれも近代中国語と思われる。明治初期に出版された英和辞書と明治二〇年に出版された英和辞書とでは、同じ系統のものであっても訳語が異なってきていることに留意しておきたい。

ここで、例えば「dock」という英語（の語義）と「センキョ（船渠）」という近代中国語（の語義）とが結びつくと、「船渠《ドック》」という書き方が可能になる。英語「dock」と近代中国語「センキョ（船渠）」とは言語が異なるのであるから、「dock」の自然な書き方として「船渠《ドック》」があるわけではないことはいうまでもない。「dock」と「センキョ（船渠）」との結びつきがさほど強くはなく、かつ英語「dock」の語義が充分に理解されていない場合には、「船渠《ドック》」という書き方は、英語「dock」の語義を漢字列「船渠」が補助的に説明しているとみることもできる。つまり「船渠《ドック》」という書き方を成り立たせているのは、両語の語義の重なり合いであるといえよう。

　単行本『四篇』(明治四三年、春陽堂刊)に収められた夏目漱石の「満韓ところどころ」には「船渠《ドック》の入口《いりぐち》は四十二尺《しやく》だとか云《い》つた。余《よ》は高《たか》い日《ひ》がまともに水《みづ》の中《なか》に差《さ》し込《こ》んで、動《うご》きたがる波《なみ》を、じつと締《し》め付《つ》けてゐる様《やう》に静《しづ》かな船渠《ドック》の中《なか》を、窓《まど》から見下《みおろ》しながら、夏《なつ》の盛《さか》りに、此《この》大《おほ》きな石《いし》で畳《たゝ》んだ風呂《ふろ》へ這入《はい》つて泳《およ》ぎ回《まは》つたら嘸結構《さぞけつこう》だらうと思《おも》つた」(一九二頁)という行りがある。ここでは先にふれた「船渠《ドック》」という書き方が採られている。

　現代に目を移せば、『岩波国語辞典』第七版新版では、外来語「ドック」が見出し項目となっている。語義の一番目には「船舶の建造・修理などをするための築造施設。船舶をその中に入れて作業を行う。船渠(せんきょ)」とあって、やはり語釈の中に漢語「センキョ(船渠)」がみえる。漢語「センキョ(船渠)」は見出し項目として採られているが、語釈は「ドック」とあるのみ。ここでは漢語を外来語のみで説明していることになる。語義の第二番目には「「人間ドック」の略」とある。「ニンゲンドック」という「漢語+外来語」の混種語は、現代ではごく一般的に使われている。

　「ドック」という外来語そのものが国語辞書の見出し項目として採られていること、「人間ドック」という混種語をうみだしていること、漢語「センキョ(船渠)」の語釈が「ドック」のみであること、から判断すれば、現代日本語のなかに外来語「ドック」はしっかりと位置を占めているといえよう。明治期は「漢語によって外来語を理解」することが少なくなかったと思われるが、現代では「外来語によって漢語を理解」することもあることがわかった。こうしたところにも、語彙体系の変化が感じられる。

おわりに——日本語が得たもの、失ったもの

日本語の百年

さてここまで、「百年前の日本語」の、その中でも特に「書きことば」のあり方についてさまざまな視点からみてきた。漢字字形、仮名字形、使う語形など、一つの語を書くといっても、「幾つもの書き方の選択肢」が存在した時期があったことが、おわかりいただけたかと思う。読者の皆さんはどのように感じられただろうか。「書き方は一つに決まっていないとめんどうだ」と思われただろうか。あるいは、「そうした「幅」がおもしろい」と思われただろうか。「はじめに」でも述べたように、稿者は「どちらがよい」と述べるつもりは毛頭ない。しかし、百年という時間の幅を設定して、その時間の幅の中で日本語を観察してみた時に、「唯一の書き方」を目指す方向へと変化が進んできたということは確かではないかと思う。

この「おわりに」では「日本語が得たもの、失ったもの」を副題にした。「得た」「失った」というと、得失あるいは損得を述べるようにみえるが、そういうつもりも、まったくない。こ

こまで述べてきたような、日本語の歴史、日本語の書き方の歴史の「流れ」の中で、「これまであって、今ないこと」、「これまでなくて、今あること」は何か、ということを述べたいということである。

書き方のルール

言語運用能力、特に「書きことば」を書き、読むという能力は自然には獲得できない。そこには「投資」が必要になる。現代においては、教育の中でそうした言語運用能力が養われていく。

「漢字と仮名とによって日本語を書く」というのが、仮名がうまれた一〇世紀頃からずっと継続して行なわれてきた「日本語の書き方」といえよう。現代は、比較的多く漢字を使い、それに仮名を交える「漢字仮名交じり」という書き方がもっとも一般的である。また「仮名」は、原理的には平仮名、片仮名どちらでもいいが、平仮名を使うことがやはり一般的であろう。そうすると、現代日本語は「漢字平仮名交じり」で書くのが常態であることになる。

改めて確認しておくと、日本語の「書き方」に関わって、共通の「ルール」が幾つか定められている。現在は、平成三(一九九一)年に内閣告示された「外来語の表記」、昭和六一(一九八六)年に内閣告示された「現代仮名遣い」、平成二二(二〇一〇)年に内閣告示された「改定常用漢字表」、昭和四八(一九七三)年に内閣告示された「送り仮名の付け方」、昭和二九(一九五四)年に内閣告示された「ローマ字のつづり方」によって、「書きことば」を書くにあたっての「書き方」が示されている。つまり主に、「漢字平仮名交じり」の「漢字」に関わるルールが「改定常用漢字表」で示され、「平仮名交じり」に関わるルールが「現代仮名遣い」と「送り仮名の付け方」ということになる。

これまであって、今ないこと

こうしたルールの下にある現代の日本語について、これまであって、今ないことを、一言でいえば、「漢語という語種」ということに尽きる。現代においては、今使っている語のどれが和語でどれが漢語か、という語種の感覚が著しくなくなってきている。平安期以降編まれた勅撰和歌集において原則的には漢語が使われないということを持ち出すまでもなく、過去の日本語においては、漢語は、漢語としての、言い換えれば「外来語」としての特徴を維持し続けていた。

本書においては、明治期を「和漢雅俗の世紀」と呼んだが、明治期もまたそれまでの時期と同様に漢語が漢語として存在していた時期であった。漢語は外来語としての位置を長く保っていた。和語と漢語とがある種の緊張関係を保ち、その緊張関係に基づいて語彙体系が形成されていたというのが過去の日本語であろう。漢語を適切に、かつ効果的に使うということは、過去の日本語の「書きことば」に求められていたことであった。そして、それが「書きことば」の「公」性を支えていた。漢語は漢字で書くのが当たり前であり、「漢語を使う」ということは「漢字を使いこなす」ということでもあった。

先にふれたように、拙書『振仮名《ふりがな》の歴史《れきし》』においては、日本語を「漢字で書きたい」という強い志向があったために、振仮名を駆使するという状況がうまれたと述べた。明治期は特にそういう時期であった。「漢字で書きたい」という志向の背後には、「漢語を使う」「中国語らしく書く」ということがあると予想する。しかし現代においては、振仮名を駆使してまで「漢字で書きたい」という要求があるようにはみえない。それ以前に、「漢語」に対する「外来語」としての感覚そのものが希薄になってきているように思われる。

さらに、一般的に使用する漢字の総数そのものが、ルールによって事実上制限されている。「常用漢字表」は日常生活で使用する漢字の範囲を限定するということを目的の一つにしていると思われる。それが教育及び日常的な言語生活等に過剰な負担をかけないための方法の一つであることは確かである。しかしまた、振仮名を効果的に使うというやり方をとれば、使用する漢字の範囲を限定しなくてもよいということも確かなことである。

これまでなくて、今あること

「これまでなくて、今あること」は「不特定多数の人が理解できる書きことばの確立」ということに尽きるであろう。新聞や雑誌が陸続とうまれ、多くの読者に読まれるようになった明治期にはこれまで以上に「文字社会」が拡大した。それと同時に、「書きことば」で使われる日本語が一気に多様なものとなっていった時期でもあった。振仮名は、語形明示という点において、多様な「書きことば」を支えていたと思われるが、やはり「書きことば」そのものの「収斂」「整理」は必要であった。第五章でみたような、膨脹した漢語が落ち着いたものになっていくことは日本語の語彙体系の要請でもあったと考えられる。

本書でみてきたさまざまな例が示すように、こうした「書きことば」そのものの整理、使う仮名字体の整理は明治期に端を発しているといえよう。使用する漢字の範囲を制限し、「仮名遣い」、「送り仮名の付け方」を整理することによって、日本語の書き方も整理され、そのことによって、「不特定多数の人が理解できる書きことば」が次第に確立していった。

それは「一つの語の書き方は一つ」という「唯一表記」を志向することでもあった。「サゲル」「サガル」「クダル」をそれぞれ「下げる」「下がる」「下る」と漢字と平仮名とによって書くことによって、いかなる語を書いているのかをはっきりとさせる。いうまでもなく、仮名のみで「さげる」「さがる」「くだる」と書けば、「送り仮名の付け方」を定める必要はないし、

「下《さげ》る」「下《さが》る」「下《くだ》る」と振仮名を施せば、送り仮名は同じでもかまわないことになる。「改定常用漢字表」は、一つの漢字の音訓をできるかぎり限定しているようにみえるが、それも「同語異表記」をできる限り避けるためのことと思われる。

「同語異表記」「異語同表記」が減ることによって、「誤解」の可能性は少なくなる。書き方の選択肢そのものが減ることによって、共有されるべき情報の量を抑えることができる。「書きことば」を書く人、読む人は、明治期以降飛躍的に増加した。そうした「書き手」「読み手」が共有する「書きことば」が百年かけてできあがっていったとみることもできるだろう。

日本語のこれから

それでは、「唯一の表記」を志向しているようにみえる日本語は、これからもその方向へと変化を続けるのだろうか。今の時点で、根拠のない予想をすることはできない。しかし、現代の日本語の中には、「唯一の表記」をめざすということとは異なる「動き」もまたあるようにみえる。

「改定常用漢字表」では、昭和五六年に内閣告示された「常用漢字表」(一九四五字)から「勺」「錘」「銑」「脹」「匁」の五字を削除して、「挨」以下「脇」までの一九六字を追加し、二一三六字を載せている。その中に、例えば「妖」字が追加されている。この「妖」字には、「あやしい」という訓が認められている。一方、「怪」字は「常用漢字表」にすでに載せられており、今回の改定で、「アヤシイ」という語を「怪しい」と書くことも「妖しい」と書くこともできることになった。「語感」が注目される現代においては歓迎されることかもしれない。しかしまた、「怪しい」も「妖しい」も発音すれば「アヤシイ」なのであって、結局は「アヤシイ」という語を書いているにすぎないというみかたもある。あるいはまた、これまでは漢字「私」の訓は「わたくし」のみが認められていたが、今回「わたし」が加わった。これによって、「ワタクシ」「ワタシ」いずれも「私」と書くことになった。二つの語に一つの漢字があてられる例である。

「常用漢字表」の「前書き」には「漢字使用の目安を示す」とあり、また「科学、技術、芸術その他の各種専門分野や、個々人の表記にまで及ぼそうとするものではない」ともある。すなわち、これは絶対のルールではないということになる。しかし、そのルールに従って教育が行なわれ、「公」性のたかい文書が作成されることは確かであって、決められたルールは日本語全体のあり方に影響を与えることも確かなことである。したがって、稿者としては、もしも「書きことば」に関わるルールを決めようとするのであれば、せっかくの取り決めは筋の通った、一貫した表記システムの確立に資するものであってほしいと願うだけである。

あとがき

本書は、「百年前の日本語」すなわち、明治期の日本語について、さまざまな観点から述べてきた。「百年前の日本語」は、長い「日本語の歴史」の中の一齣ということになる。いうまでもないことであるが、日本語の歴史を語る場合に、西暦一〇〇〇年から一一〇〇年まではこうで、西暦一一〇一年から一二〇〇年まではこうだった、というような語り方はしない。

「歴史の転換点」という表現を目にすることがある。「転換点」とは、前の時期と次の時期とを分ける分岐点であって、そこに「何か」があることになる。言い換えれば、前の時期と次の時期とを分ける「何か」が設定できなければ、そこは分岐点ではないことになる。したがって、奈良時代の日本語はこうで、平安時代の日本語はこうだった、というような語り方は、それぞれの時期の日本語がどうであったかについて述べているという点では日本語の歴史を語っているといえなくもないが、真の意味合いにおいて日本語の歴史を語っていないともいえる。長い「日本語の歴史」を一人の人間が視野に収めるのは難しい。それでも、視野に収めようという意志の下に、あるいは粗さはあったとしても、いったん視野に収めてから、ある時期の日本語を評価するという姿勢が必要であろう。

ジャック・ル・ゴフ(Jacques Le Goff)は、「歴史学と民族学の現在—歴史学はどこへ行くか—(Histoire et ethnologie aujourd'hui)」(二宮宏之編訳『歴史・文化・表象』一九九九年、岩波書店刊、所収)において、フェルナン・ブローデル(Fernand Braudel)にふれながら、「ブローデルは、歴史の表面に現われる現象ではなしに、深部において長期にわたり持続している現象、あるいは極めて緩慢にしか変化しない現象に注目するのです」(二七頁)と述べている。

日本語の歴史を、本書が出版される二〇一二年までの二〇一二年間の歴史と、仮にとらえてみる。本書が述べたのは、日本語を文字化するにあたって、「言語の揺れ」をできる限り回避しようとする現象は、ここ百年ぐらいの間に顕著になったということで、ほぼ二〇〇〇年が、「言語の揺れ」を積極的に回避しようとしないかするかという観点において、一九〇〇年間と一〇〇年間とに分かれるということである。

現代に生きるわたしたちには、現代のことは、よく見えているようで、見えていないこともある。大学の授業で、学生とともに明治期に刊行された雑誌や新聞などをよむことがある。学生はいろいろなことに「違和感」のようなものを感じる。句読点を使っていないこと、濁点が完全に施されていないこと、同じ語がいろいろな書き方をされていること、などはすぐに気づく「現代との違い」である。

過去の日本語と現代の日本語とが異なるということの指摘だけでは、歴史を語ったことにはならないのであり、その「違い」を「日本語の歴史」の中で、どのように評価し、位置づけるか、ということが重要になる。しかし、まずは、「現代との違い」を感じ取るということも大事である。結局は、明治期につくられた文献を(写真や複製ではなく)できる限り原態でよむ、というようなごく当たり前のことが「現代との違い」に気づくために必要になってくる。

二〇〇五年に笠間書院から出版していただいた拙書『文献から読み解く日本語の歴史』には「鳥瞰虫瞰」という副題を付けた。「虫瞰」は「虫の眼で瞰《み》る」ぐらいの意味合いであるが、文献資料に接近してくまなくよむということを含意させた。仕事に疲れた時に、ケーブルテレビで海外ドラマをなんとなく見ることがあるが、そうした海外ドラマで「微表情(micro-expressions)」ということばを知った。文献、テキストに密着してそれをくまなくよむことによって、日本語に関しての情報を読み取るというのが、稿者のいう「文献日本語学」であるが、これは「文献の微表情を読み取る」ということになる。

カルロ・ギンズブルグ(Carlo Ginzburg)は『糸と痕跡(Il filo e le tracce)』(上村忠男訳、二〇〇八年、みすず書房刊)に収められた「ミクロストリア―彼女についてわたしの知っている二、三のこと―」において、レーモン・クノー(Raymond Queneau)の小説『青い花(Les Fleurs Bleues)』の第七章で、オージュ公爵とビロトン師との会話の中に「microhistoire(ミクロイストワール)」という語が使われていること、ウンベルト・エーコによってイタリア文学の至宝と評価されたという、プリモ・レーヴィ(Primo Levi)の『周期律(Il sistema periodico)』(竹山博英訳、一九九二年、工作舎刊)の最終章「炭素」に「極小史」(三四二頁)=「ミクロストリア(microstoria)」ということばが使われていることを併せて紹介する。

「ミクロストリア」をどのように定義するかということについてはここでは措くが、いずれにしてもそれは、「巨視的で計量的なモデル」(『糸と痕跡』一七五頁)と対置するようなものであることは言うまでもなく、稿者の「虫瞰」と通じるものである。そして本書は、文献に残された微細な「痕跡」を追求することを「方法」としているといってもよい。漱石の自筆原稿を丹念によむ、明治期に出版された草双紙をよむ、辞書をよむ、というように、まず観察対象としているテキストに同化し、そのことを通して、その時期の日本語がどのような状態であるのかを探る。そうした作業の繰り返しと積み重ねとによって、次第に当該時期の日本語全体のありかたがみえてくると考える。

そうしてみえてきた日本語のありかたを、どのようなことばによって語ればいいのかということについても、しばらく前から考えるようになった。現代は「わかりやすく語る」ということがしばしば求められる。大学で行なう授業アンケートにも、授業がわかりやすかったかどうかというような質問項目がある。「授業がわかりやすい」というのはどういうことなのだろうか。授業時間内に、そこで話題となったことがその場ですべてわかるような授業がわかりやすい授業であるとすれば、学生は教室外で何も考える必要がないことになる。

「わかりやすい語り口」と「起承転結」や「因果関係」という表現が結びつけられることもある。原因があって結果があるということは当然のことともいえるが、結果から原因がすぐにわかるとは限らない。「因果関係」というのは、もっとも明白な「物語」であるように感じられてしまうが、実際に起こっているさまざまなことが、明白とはかぎらない。

これを書いている二〇一二年の八月一一日に、稿者は五四歳になる。今年はセミが鳴き始めるのが遅かったが、今、外では、ミンミンゼミやアブラゼミがうるさいばかりに鳴いている。あることからお近づきになった岩波書店の濱門麻美子氏を通して、本書出版の話が進められた。編集担当の古川義子さんには、いろいろと有益なご意見をいただいた。こうしたご縁があって、本書が成った。夏生まれのせいか、夏の暑さの中で汗を流しながら原稿を書くのがきらいではない。健康に留意して、ミクロの世界のおもしろさをさらに探求していきたい。

二〇一二年八月

今野真二

今野真二

1958年神奈川県生まれ
1986年早稲田大学大学院博士課程後期退学.
高知大学助教授を経て
現在—清泉女子大学教授
専攻—日本語学
著書—『仮名表記論攷』(清文堂出版，第30回金田一京助博士記念賞受賞)
『文献から読み解く日本語の歴史【鳥瞰虫瞰】』
『消された漱石 明治の日本語の探し方』(以上，笠間書院)
『振仮名の歴史』(集英社新書)
『日本語学講座』全10巻(刊行中，清文堂出版)ほか

百年前の日本語
—書きことばが揺れた時代　岩波新書(新赤版)1385

2012年9月20日　第1刷発行

著　者　今野真二《こんのしんじ》

発行者　山口昭男

発行所　株式会社　岩波書店
〒101-8002 東京都千代田区一ツ橋2-5-5
案内 03-5210-4000　販売部 03-5210-4111
http://www.iwanami.co.jp/

新書編集部 03-5210-4054
http://www.iwanamishinsho.com/

印刷・精興社　カバー・半七印刷　製本・中永製本

ISBN 978-4-00-431385-4　Printed in Japan

岩波新書新赤版一〇〇〇点に際して

ひとつの時代が終わったと言われて久しい。だが、その先にいかなる時代を展望するのか、私たちはその輪郭すら描きえていない。二〇世紀から持ち越した課題の多くは、未だ解決の緒を見つけることのできないままであり、二一世紀が新たに招きよせた問題も少なくない。グローバル資本主義の浸透、憎悪の連鎖、暴力の応酬——世界は混沌として深い不安の只中にある。

現代社会においては変化が常態となり、速さと新しさに絶対的な価値が与えられた。消費社会の深化と情報技術の革命は、種々の境界を無くし、人々の生活やコミュニケーションの様式を根底から変容させてきた。ライフスタイルは多様化し、一面では個人の生き方をそれぞれが選びとる時代が始まっている。同時に、新たな格差が生まれ、様々な次元での亀裂や分断が深まっている。社会や歴史に対する意識が揺らぎ、普遍的な理念に対する根本的な懐疑や、現実を変えることへの無力感がひそかに根を張りつつある。そして生きることに誰もが困難を覚える時代が到来している。

しかし、日常生活のそれぞれの場で、自由と民主主義を獲得し実践することを通じて、私たち自身がそうした閉塞を乗り超え、希望の時代の幕開けを告げてゆくことは不可能ではあるまい。そのために、いま求められていること——それは、個と個の間で開かれた対話を積み重ねながら、人間らしく生きることの条件について一人ひとりが粘り強く思考することではないか。その営みの糧となるものが、教養に外ならないと私たちは考える。歴史とは何か、よく生きるとはいかなることか、世界そして人間はどこへ向かうべきなのか——こうした根源的な問いとの格闘が、文化と知の厚みを作り出し、個人と社会を支える基盤としての教養となった。まさにそのような教養への道案内こそ、岩波新書が創刊以来、追求してきたことである。

岩波新書は、日中戦争下の一九三八年一一月に赤版として創刊された。創刊の辞は、道義の精神に則らない日本の行動を憂慮し、批判的精神と良心的行動の欠如を戒めつつ、現代人の現代的教養を刊行の目的とする、と謳っている。以後、青版、黄版、新赤版と装いを改めながら、合計二五〇〇点余りを世に問うてきた。そして、いままた新赤版が一〇〇〇点を迎えたのを機に、人間の理性と良心への信頼を再確認し、それに裏打ちされた文化を培っていく決意を込めて、新しい装丁のもとに再出発したいと思う。一冊一冊から吹き出す新風が一人でも多くの読者の許に届くこと、そして希望ある時代への想像力を豊かにかき立てることを切に願う。

（二〇〇六年四月）